MANA

In der Abenteuer REISEN-Reihe bisher erschienen:

Geliebtes **Australien**
Barbara Barkhausen
978-3-95503-012-4

Verrücktes **Australien**
Daniel Kramer
978-3-95503-032-2

Geliebtes **Kanada**
Marc Lautenbacher
978-3-95503-051-3

Geliebtes **Griechenland**
Kurt Schreiner
978-3-95503-054-4

Geliebtes **Brasilien**
Klaus D. Günther
987-3-95503-064-3

Fremdes **Japan**
Thomas Bauer
978-3-95503-095-7

Fremdes **Neuseeland**
Ann Kathrin Saul
978-3-95503-098-8

Fremder **Iran**
Iris Lemaczyk
978-3-95503-107-7

Fremde **Mongolei**
Bernhard Wulff
978-3-95503-110-7

Wild **Roadtripp**
Mathias Vatterodt
978-3-95503-119-8

Fernsucht
Rolf Wilhelm Stärk
978-3-95503-171-8

Walk it off
Ann Kathrin Saul
978-3-95503-174-9

Fremdes **Georgien**
Iris Lemanczyk
978-3-95503-197-8

Geschichten aus
Lateinamerika
Bernhard Wulf
978-3-95503-206-7

Libanon
Im Zwischenland
A. u. U. Kirchhefer
978-3-95503-246-3

Alle Bücher sind auch als E-Book erhältlich.

Bibliografische Information der Deutschen Nationalbibliothek
Die Deutsche Nationalbibliothek verzeichnet diese Publikation in der Deutschen Nationalbibliografie. Detaillierte bibliografische Daten sind im Internet unter https://portal.dnb.de abrufbar.

Illustration und Karte: Pia Gerhard, Agentur Bell
Umschlagentwurf, Satz und Layout: MANA-Verlag
Druck: Dardedze, Riga, EU
ISBN: 978-3-95503-256-2

René Niklaus

Schottland

Schottische Geschichten

Für Nahia

Inhaltsverzeichnis

Schottische Geschichten: Worauf wir uns freuen können... ... 6

Willkommen in Edinburgh ... 12

Wee Story 1: Der Stone of Destiny – Ein Stein kehrt heim ... 15

Wee Story 2: Die zwei Gesichter des Deacon Brodie – Ein Edinburgher Kriminalfall mit Spuren in die Weltliteratur ... 22

Wee Story 3: Der einsame Geist vom Mary King's Close ... 26

Wee Story 4: Burke und Hare ... 32

Von Edinburgh nach Falkirk ... 39

Wee Story 5: The Kelpies – Zwei schottische Wassergeister an der M 9 ... 40

Von Falkirk nach Glasgow ... 43

Wee Story 6: Der Duke of Wellington und sein Hut ... 45

Von Glasgow zur Isle of Arran ... 49

Wee Story 7: Spurlos verschwunden ... 51

Von der Isle of Arran zur Isle of Islay ... 57

Wee Story 8: Laphroaig – Whisky oder Medizin? ... 61

Von Laphroaig zur Destillerie Ardbeg ... 64

Wee Story 9: Corryvreckan Whirlpool – No Swimming ... 65

Von Ardbeg nach Bowmore ... 68

Wee Story 10: Bowmore – Der Teufel und die runde Kirche ... 69

Von Bowmore zur Destillerie Bruichladdich ... 70

Wee Story 11: Whisky als Massenvernichtungswaffe ... 71

Wee Story 12: Das »Yellow Submarine« von Islay – Lost & Found ... 74

Von der Insel Islay über Oban nach Eriskay auf den Äußeren Hebriden ... 78

Wee Story 13: Whisky Galore – Wie eine Havarie eine ganze Insel in Rausch versetzte ... 80

Von Eriskay nach Uig ... 85

Wee Story 14: Die Lewis Chessmen und ein aufgewecktes Kerlchen ... 87

Von Uig nach Stornoway ... 92

Wee Story 15: Iolaire und der Fels in der Brandung ... 95

Von Stornoway nach Ullapool ... 102

Wee Story 16: Operation Vegetarian ... 104
Von Ullapool zum Loch Assynt ... 107
Wee Story 17: Ardvreck Castle und der Pakt mit dem Teufel ... 109
Von Loch Assynt nach Durness ... 113
Wee Story 18: Smoo Cave – Das Tor zur Unterwelt ... 115
Von Durness auf die Orkney Inseln ... 119
Wee Story 19: Maes Howe – Wikingergraffiti ... 123
Von den Orkneys auf die Shetlandinseln ... 128
Wee Story 20: Der Shetland Bus – Nächste Haltestelle Norwegen ... 130
Von Scalloway nach Unst ... 136
Wee Story 21: Bobby's Bus Shelter ... 137
Von Unst nach Embo ... 140
Wee Story 22: Embo und seine eintägige Unabhängigkeit ... 142
Von Embo zum Loch Ness ... 149
Wee Story 23: Loch Ness – Ein scheues Monster, ein Mythos und seine Geschichte ... 151
Vom Loch Ness zum Culloden Moor ... 158
Wee Story 24: Bonnie Prince Charlie und Flora MacDonald – Over the Sea to Skye ... 159
Von Kilmuir zum Glamaig ... 168
Wee Story 25: Glamaig Hill Race ... 170
Vom Glamaig zum Glen Coe ... 174
Wee Story 26: Glen Coe – Schottlands Tal der Tränen ... 178
Vom Glen Coe zum Loch Lomond ... 187
Wee Story 27: Die »High Roads« und »Low Roads« vom Loch Lomond ... 189
Vom Loch Lomond nach Callander ... 193
Wee Story 28: Schottlands letzte Hexe? ... 194
Von Callander zurück nach Edinburgh – Der Kreis schließt sich ... 200
Wee Story 29: Zurück in Edinburgh – Unsere Reise endet... ... 203
Ganz herzlichen Dank! ... 208

Schottische Geschichten: Worauf wir uns freuen können...

Schottland ist ein Land mit einer langen und vielseitigen Geschichte. Es verfügt über einen schier unermesslichen Schatz an Mythen und Legenden. Mit diesem Buch möchte ich Sie auf eine Reise durch das Schottland der Gegenwart und der Vergangenheit mitnehmen. Unsere Reise führt uns zurück zu historischen Persönlichkeiten, Kriminalfällen und Schlachten, zu Kuriosem, Lustigem, Fantastischem, aber auch Tragischem. Ich möchte Sie an Orte führen, an denen sich besondere Geschichten zugetragen haben, bekannte und weniger bekannte.

Schottland ist geographisch gesehen, ein relativ kleines, raues Land, seine Bewohner ein Volk offener Herzlichkeit. Das Land des Dudelsacks, dessen Klang man liebt oder hasst, hat eine stark ausgeprägte Persönlichkeit. Es ist ein Land, in dem gestandene Männer stolz und ganz selbstverständlich auch mal einen Rock, den Kilt, tragen.

Geschichtenerzählen hat in Schottland eine lange Tradition. – Und die Geschichte um die Geschichte herum ist oftmals nicht minder spannend als die Geschichte selbst. Geschichten werden hier mitunter in Varianten erzählt. Je älter eine Geschichte ist, desto mehr Varianten können entstanden sein. Über Generationen wurden sie mündlich berichtet und veränderten sich. Wenn Sie nun eine der hier erzählten Geschichten bereits kennen und sich über den Verlauf oder Einzelheiten wundern, dann ist das genau dieser Tatsache geschuldet. Gleichzeitig macht es eine Geschichte aber noch interessanter, wenn man sieht, wie weit sie verbreitet und wie tief sie mit dem Land verwurzelt ist und über welche Erzählvielfalt sie verfügt.

Das kleine schwarze Buch

Im Jahr 2013 bin ich nach vielen Jahren wieder mal nach Schottland gefahren – mit weitreichenden Folgen. Inspiriert von dem Land und seinen Leuten, steigerte sich von da an meine Reisefrequenz auf bis zu drei Reisen pro Jahr. Schottland ließ mich von nun an nicht mehr los. Es zu unterschiedlichen Jahreszeiten zu bereisen, erlaubte es mir, das Land in all seinen atemberaubenden Facetten erkunden zu können. Ich gebe zu, ich hätte eine derartige Vielfalt nicht erwartet.

Bei meinen Reisen war ein kleines schwarzes Notizbuch mein steter Begleiter in meinem roten Rucksack. Immer, wenn ich auf eine Geschichte traf, die mich interessierte, schrieb ich sie in mein kleines schwarzes Buch, manchmal auch mit einer Zeichnung, wenngleich meine zeichnerische Begabung in dieser Hinsicht durchaus ausbaufähig ist.

Über die Jahre ist daraus eine ansehnliche Sammlung unterschiedlichster Geschichten geworden. Irgendwann nahm ich dann eine Schottlandkarte zur Hand und setzte jeweils ein Kreuz, an den Ort, wo mir eine Geschichte begegnet war. Nachdem die Karte mit zahlreichen Kreuzen übersät war, entstand die Idee, die Geschichten aufzuschreiben und sie auf einer fiktiven Reise miteinander zu verbinden. Ich wollte auch andere an »meinem Schottland« teilhaben lassen. Das Ergebnishalten Sie nun hier in Ihren Händen.

Schottisches Wetter

Warum fühlen sich Menschen von Schottland angezogen? Ist es die beeindruckende Landschaft, die bewegte Geschichte? – Selten wird als Bewegrund, die kostbaren Urlaubstage in Schottland zu verbringen, das Wetter genannt. Aber vielleicht ist für manche gerade das entscheidend?

Wer von Ihnen bereits in Schottland war, weiß, dass das Wetter innerhalb einer Stunde mehrfach und scheinbar spielend leicht von Sonne in Regen und wieder zurück wechseln kann, mal mit Wind, mal ohne. Wobei die Variante mit Wind deutlich öfter vorkommt. Egal, welcher Wetter-Typ man ist, ob man Sonnenschein, mystische Wolken oder gar Regen mag, Schottlands rauer Charme bietet für jeden etwas.

Für mich ist das schottische Wetter durchaus ein Grund, immer wieder in dieses wunderschöne Land zu fahren. Wegen der Wetterkapriolen erscheint es mit seiner atemberaubenden Landschaft, mit seinen vielen Inseln und langen Küstenlinien immer wieder anders. Reist man dann noch zu unterschiedlichen Jahreszeiten und besucht Orte erneut, die sich einem eingeprägt haben, dann präsentieren sie sich mitunter in einer völlig anderen Gestalt. Besonders im Winter kann die schottische Landschaft einen besonderen Reiz ausüben, vielleicht auch gerade, weil man es gewohnt ist, Schottland bevorzugt in den Sommermonaten zu bereisen.

Weiße Sandstrände, die bei Wind und Regen recht wild anmuten, erstrahlen bei Sonnenschein in einem Türkis, das einen eher an die Karibik denken lässt als an das raue Schottland. Hier fällt mir besonders der abgelegene Strand bei Luskentyre auf der Isle of Harris ein. Gleiches gilt für schroffe, felsige Küsten, wie bei dem einsam gelegenen Leuchtturm am Butt of Lewis, wenn nach einem Schauer ein Regenbogen den Betrachter erstaunen lässt. Das schottische Wetter ist bezeichnend für den rauen Charme dieses Landes, einfach traumhaft!

Drei Dinge braucht der Mensch...
... für eine Reise nach Schottland

Wer nach Schottland reist, braucht eigentlich nur drei Dinge zwingend in seinen Koffer zu packen: Eine gute Regenjacke (bei gutem Wetter auch als Windblocker unersetzlich, besonders an der Küste und auf den Inseln), gutes Schuhwerk, will man das Land auch mal zu Fuß erkunden (ich denke da gerade an wunderschöne Wanderwege West Highland Way, Loch Ness 360, aber auch die Highlands oder die Isle of Skye, und die vielen weiteren Inseln bieten viele schöne Wanderwege) und, ganz wichtig, auch wenn es sich für den Einen oder die Andere seltsam liest, eine gute Sonnenbrille.

Eine Gedankenreise durch Schottland

Dieses Buch ist dazu gedacht, sich vor der Reise Appetit zu holen oder nach der Reise das Erlebte konservieren zu helfen, es ist eine Art »Gedankenreise«. Mit dem Finger auf der beigefügten Landkarte oder mit dem Mauszeiger bei Google Earth können wir Schottland aus der Vogelperspektive erkunden.

Schottland hat es mir immer leicht gemacht, schnell anzukommen und es mit all seinen Facetten aufsaugen zu können. Es ist ein Land mit einem starken Charakter, einer charmanten Rauheit und einer überwältigenden Natur… was habe ich mich schon an dem Anblick gelb leuchtenden Ginsters erfreut, der hier im Frühling blüht. Die Schotten sind entspannte Menschen mit einem großen Herz, auch wenn sie mit ihrem zum Teil hart klingenden schottischen Akzent nicht immer leicht zu verstehen sind.

Man kommt als Fremder in ein »Bed and Breakfast« und verlässt es als Freund. Wenn man Ihnen bei der Verabschiedung sagt, dass man Sie gerne wieder hier begrüßen würde, dann ist das keine geschäftstüchtige Floskel, es kommt von Herzen.

Was erwartet Sie auf unserer Reise?

Wir beginnen unsere Reise in Schottlands Hauptstadt Edinburgh, die von der UNESCO zur Literaturstadt ernannt wurde. Dass es sich bei drei von vier Geschichten aus der »Stadt der sieben Hügel« um Kriminal-Geschichten handelt, soll keinesfalls bedeuten, dass Schotten einen ausgeprägten Hang zur Kriminalität haben. Ganz im Gegenteil, ich habe mich bei meinen Reisen immer sicher und äußerst wohl gefühlt.

In Tobermory auf der Insel Mull musste ich erst »lernen«, dass man dort die Haustür nicht überall abschließt. Als ich im B&B abends nach einem Schlüssel für die Haustür fragte, weil ich ausgehen wollte, erhielt ich zur Antwort: »Wir schließen die Tür nicht ab. Wir sind hier auf einer Insel. Der Letzte, der abends nach Hause kommt, macht im Flur das Licht aus!« Verdutzt und leicht peinlich berührt, traute ich mich dann nicht zu fragen, woher ich denn weiß, ob ich der Letzte bin…

Wir treffen auf jahrhundertealte Geister, auf Hexen und mystische Fabelwesen, wie Meerjungfrauen, die mit ihren Tränen ganze Seen zum Überlaufen bringen können. Eine historische Reiterstatue, die über Jahrzehnte ein ruhiges Leben führte, wird aus ihrem Schlaf gerissen und zum

Sinnbild einer ganzen Stadt und ihrer Bewohner. Man kann auf eine schottische Geschichte treffen, selbst wenn man sich nur zum Ausruhen auf eine Bank setzt, wie am Fähranlegeplatz auf der Insel Arran.

Natürlich dürfen in Schottland Whisky-Geschichten nicht fehlen. Sind Sie schon mal der Frage nachgegangen, ob Whisky nicht auch eine medizinische Wirkung haben kann? In einer Geschichte werden Sie die Antwort erhalten. Wir werden mit der Frage konfrontiert, ob Whisky nicht auch zur »Massenvernichtungswaffe« taugt und was es mit dem »Yellow Submarine« auf sich hat, das eine Whisky-Destillerie auf ihrem Gelände ausgestellt hat.

Auch der Teufel hat hier schon oftmals sein Unwesen getrieben. Wir dürfen gespannt sein, wie die Schotten mit »Old Nick«, wie er hier genannt wird, in ihrer eigenen Art umgehen. Eine Geschichte werden wir uns aus der Ferne betrachten. Bis heute traue ich mich nicht näher heran.

Da die Wikinger in der Vergangenheit in Schottland nicht nur ein Königreich gründeten, sondern bei einem ihrer Raubzüge auch einen ausgeprägten Sinn für eine frühe Form des Graffitis hatten, können wir uns heute an einer schönen Geschichte darüber erfreuen. Was wäre ein Schottlandbuch, wie dieses, ohne das berühmteste überaus scheue Monster überhaupt, das sich im Loch Ness seit Jahrhunderten aufhalten soll.

Hoch im Norden auf den Shetlands begegnen wir zwei Busgeschichten, die unterschiedlicher nicht sein können. Auch der Frage der schottischen Unabhängigkeit werden wir uns widmen.

Die grandiose schottische Natur hält auch die eine oder andere Kuriosität für uns bereit, die fast dazu geführt hätte, dass das berühmte Buch »1984« von George Orwell nicht geschrieben worden wäre. In einer anderen Geschichte wird uns eine Schachfigur Rätsel aufgeben. Selbst eine Aktivität, wie einen Berg hoch und wieder herunter zu rennen, hier ein weit verbreiteter Sport, bietet uns Stoff für eine unserer Geschichten.

Die lange und blutige schottische Geschichte hat zahlreiche Helden und Heldinnen hervorgebracht. Wir werden einer besonderen Frau begegnen, die hier bis heute als nationale Heldin verehrt wird. Hinzu kommen Geschichten über Verrat, wie er im Tal von Glen Coe am Clan der MacDonalds begangen wurde. Am Loch Lomond gehen wir der

Frage nach, was es mit den viel besungenen »High Roads« und »Low Roads« auf sich hat.

Eine »Wee Story«

Schottland bietet uns die angenehme Freiheit unterschiedliche Reisestrategien zu verfolgen. Wir können bereits von Zuhause aus eine Route festlegen oder dies einem Reiseanbieter überlassen. Alternativ können wir einen Start- und einen Endpunkt definieren und uns dazwischen frei durch Schottland treiben lassen. Beide Reisestrategien, ob Gruppen- oder Individualreise, lassen sich in Schottland hervorragend umsetzen.

In Schottland ist für mich schon die Fahrt von einem Ort zum anderen, von einer Sehenswürdigkeit zur nächsten, zu einem Erlebnis geworden, ganz nach der Devise »der Weg ist das Ziel«. Daher habe ich mich entschlossen, Ihnen die Fahrten zwischen den jeweiligen Geschichten zu beschreiben. Beim Fahren oder sich Fahren lassen aus dem Fenster schauen und die traumhaft schöne Landschaft an sich vorbeiziehen zu lassen und zu genießen, hat schon einen besonderen Erlebniswert in Schottland. Die Beschaffenheit schottischer Straßen erlaubt mitunter nur geringe Geschwindigkeiten und trägt so dazu bei, uns selbst zu entschleunigen.

Wenn Sie sich nun wundern, warum ich vor jede Geschichte nicht nur eine Nummerierung, sondern auch eine »Wee Story« gesetzt habe, dann deshalb, weil uns das kleine unscheinbare Wort »wee« im schottischen Sprachgebrauch ständig über den Weg läuft. Es bedeutet »klein« und wird gerne als eine Art Verniedlichung verwendet: a wee dram whisky, a wee walk, a wee cup of tea, und so weiter. Da darf eine wee story, eine kleine Geschichte, natürlich nicht fehlen. So und nun wünsche ich Ihnen viel Spaß beim Lesen!

Unsere Reise nach Schottland beginnt…

Willkommen in Edinburgh

Es führen viele Wege nach Schottland, manche auch versehentlich

Wenn Sie beschlossen haben, nach Schottland zu reisen, dann können Sie auf verschiedene Arten und Wege dorthin gelangen: per Auto und mit der Fähre über den Ärmelkanal, mit der Bahn durch den Eurotunnel oder mit dem Flugzeug. Haben Sie sich für das Flugzeug entschieden, dann beginnt Ihre Reise oftmals an den beiden großen schottischen Flughäfen von Edinburgh oder Glasgow.

Es führen zwar nicht alle Wege nach Schottland, aber viele, manchmal auch unbeabsichtigt; so geschehen an einem Montagmorgen Ende März 2019. Planmäßig hob der British-Airways-Jet mit der Flugnummer BA3271 von London-City mit dem Ziel Düsseldorf ab – so dachten es zumindest die Passagiere. Statt über den Ärmelkanal nach Deutschland zu fliegen, steuerte er aber die schottische Hauptstadt Edinburgh an.

Sollte an dem Tag der Wind aus Westen geweht haben, muss sich den Passagieren etwa folgendes Bild geboten haben: Aus dem englischen Luftraum kommend erreichen sie auf nördlichem Kurs Schottland. Das Flugzeug fliegt meist östlich von Edinburgh die große Bucht des Firth of Forth an. In der Gegend um North Berwick mündet hier der Forth in die Nordsee. In den Blick gerät ein markanter Felsen vor der Küste: der Bass Rock. Die nur drei Hektar große unbewohnte Insel ist vulkanischen Ursprungs und das Zuhause von 150.000 Basstölpeln – eine der größten Basstölpel-Kolonien weltweit. Die großen Vögel verdanken einen Teil ihres Namens der Insel; sie besiedeln geschickt jede Nische des Felsens. Dicht gedrängt leben und brüten die vielen so gar nicht tölpelhaft anmutenden Vögel im Abstand einer pickenden Schnabellänge. Dabei produzieren sie ausgiebig Exkremente, die den Bass Rock schon aus der Ferne weiß schimmern lassen. Im 17. Jahrhundert diente das karge Eiland viele Jahrzehnte lang als Gefängnis für aus politischen oder religiösen Gründen Verurteilte.

Über der Bucht des Firth of Forth schwenkt dann das Flugzeug nach Westen ein. Die Häuser und Straßen Edinburghs tauchen in der linken Fensterreihe auf und geben einen ersten Eindruck von Schottlands traditionsbewusster und stolzer Hauptstadt. Gut erkennbar ist der Arthur's Seat, der 251 Meter hohe Hausberg der Stadt, der Hafen von Leith und mit etwas Glück ist bereits das Castle von Edinburgh im Herzen der Altstadt auszumachen. Kurze Zeit später beschreibt die Maschine eine weitere Kurve und befindet sich nun in der letzten Flugphase. Während das Fahrwerk bereits ausgefahren ist, erscheinen in der rechten Fensterreihe kurz die drei Brücken über den Firth of Forth, eine markante rote Eisenbahnbrücke älteren Datums und zwei modernere Brücken für den Autoverkehr.

Nach der kurzen Beschreibung der letzten Flugminuten zurück zur Geschichte: Der Pilot landete sicher gegen 9:00 Uhr auf dem etwas außerhalb der Stadt liegenden Flughafen mit der internationalen Flughafenkennung EDI. Als der Pilot die Passagiere nach der Landung herzlich in Edinburgh begrüßte, glaubten viele an einen Witz, doch weit gefehlt. Ein Blick aus dem Fenster des Flugzeugs stellte unzweifelhaft klar: Dies war der Flughafen von Edinburgh, einen Flugsicherungstower in Form eines Golf-Tees gibt es nur hier.

No one to Edinburgh?

Die Besatzung bat alle Passagiere, die nach Deutschland wollten, die Hand zu heben. Daraufhin gingen alle Hände hoch. Irritiert fragte eine Flugbegleiterin: »No one to Edinburgh?« Die Verwirrung war perfekt!

Ein Pilotenfehler lag nicht vor. Der Flugplan gab Edinburgh als Ziel an und nicht Düsseldorf. Die Flugsicherung hatte den Flug auch genehmigt. Die Flugzeugbesatzung hatte offenbar den falschen Flugplan erhalten. Nach zwei Stunden Rätselraten setzte BA3271 seinen Flug, dann mit korrektem Ziel Düsseldorf fort und landete dort gegen 13:00 Uhr.

Zwischenzeitlich hatte Flug BA3271 international für Schlagzeilen gesorgt. Es entbrannte auf Twitter ein amüsanter Schlagabtausch zwischen den beiden Städten Edinburgh und Düsseldorf, welche nun die Schönste sei. Die Frage »Where do you wanna go?« eröffnete das Kräftemessen. Im Wechsel stellten Düsseldorf und Edinburgh auf verschiedenen Gebieten über Twitter ihre jeweiligen Vorzüge dar.

Sie können sich also nie ganz sicher sein, wenn Sie einen Flug antreten, dass Sie nicht doch in Schottland landen.

Jetzt, wo wir nun schon mal hier in der schottischen Hauptstadt sind, können wir gespannt sein, was Schottland so alles für uns zu bieten hat.

Edinburgh

In der schottischen Hauptstadt Edinburgh angekommen, begeben wir uns zum Castle von Edinburgh. Das Castle thront majestätisch in der historischen Altstadt, der Old Town, auf einem erloschenen, schon von weitem sichtbaren Vulkankegel. Vom Castle aus führt die Royal Mile hinab bis zum Holyrood Palace, der offiziellen Residenz der britischen Königin in Schottland. Die Royal Mile bildet das Herz, die Lebensader, der Old Town. Für unsere ersten vier Geschichten möchte ich Sie vom Castle aus beginnend ein Stück die Royal Mile entlangführen und Ihnen einen Einblick in das Leben der Menschen von Edinburgh in unterschiedlichen Epochen geben. Uns werden dabei außergewöhnliche Persönlichkeiten begegnen, die durch ihr Handeln untrennbar mit Edinburgh verbunden sind. So viel sei schon verraten, Spuken wird es hier auch ein wenig.

So, nun zu unserer ersten Geschichte. Das Castle von Edinburgh beheimatet die schottischen Krönungsinsignien und einen Krönungsstein, den Stone of Destiny. – Und dieser Krönungsstein kann auf eine lange und bewegte Geschichte zurückblicken. Mit einer kriminologischen, weihnachtlichen Episode neueren Datums möchte ich beginnen.

Wee Story 1:
Der Stone of Destiny – Ein Stein kehrt heim

Der Kronanwalt[1] Ian Hamilton wird im Jahr 1984 zum Vorsitzenden des Landgerichtshofs in Glasgow ernannt. Eigentlich nichts Ungewöhnliches. Eine normale Mitteilung der schottischen Justizverwaltung, sollte man meinen. Hamilton ist zu diesem Zeitpunkt Ende Fünfzig und kann auf eine beachtliche juristische Laufbahn zurückblicken. Warum also diese Aufregung? – Weil er und drei andere als Studenten am Weihnachtsabend des Jahres 1950 in einen Diebstahl der besonderen Art verwickelt waren.

Hamilton war 1950 nicht nur angehender Jurist an der Universität von Glasgow. Er war auch schottischer Patriot. Und da schmerzte es ihn sehr, dass das schottische Symbol schlechthin, der Stone of Destiny, sich in England in der Westminster Abbey befand. Soviel zur Ausgangslage. Was nun kommt ist eine Weihnachtsgeschichte der anderen Art. Dem vorausgegangen war ein mittelalterlicher Skandal mit Auswirkungen bis in die Neuzeit.

1 Ein Kronanwalt (QC, Queen's Council) ist ein Titel für besonders erfahrene und erfolgreiche Anwälte. Mit dem Titel ist eine offizielle Anerkennung durch den Staat verbunden.

Was ist der Stone of Destiny?

Beim Stone of Destiny (auch Stone of Scone genannt), dem »Stein des Schicksals«, handelt es sich um einen Steinblock aus Sandstein mit den Maßen von etwa 66 x 41 x 27 cm und einem Gewicht von etwa 152 Kilogramm. Ein ganz schöner Brocken. Über Jahrhunderte hinweg wurden die schottischen und piktischen Könige auf dem Stone of Destiny stehend oder sitzend unter freiem Himmel feierlich gekrönt. Der Stein ist das Symbol für schottischen Stolz, für Unabhängigkeit und nationale Einheit. Er symbolisiert den Bund zwischen Herrscher, Land und Volk.

Doch gehen wir nun zurück zum Ende des 13. Jahrhunderts zur Zeit des ersten schottischen Unabhängigkeitskriegs. Der englische König Edward I. schlug die Schotten im Jahr 1296 bei Dunbar vernichtend, woraufhin die wichtigen schottischen Burgen in Edinburgh, Stirling, Roxburgh und Perth kapitulierten. Infolgedessen ließ er 1296 den in der Scone Abbey auf dem Moot Hill in der Nähe von Perth aufbewahrten »Schicksalsstein« als Kriegsbeute stehlen. Um die Wichtigkeit der Scone Abbey zu unterstreichen, sei erwähnt, dass insgesamt 42 Könige hier gekrönt wurden, darunter auch die berühmten Könige Robert the Bruce und Macbeth.

König Edward I. ließ den schottischen Krönungsstein unter seinem eigenen englischen Thron einfügen. Man baute ihn direkt unter seinem Sitz zwischen den Stuhlbeinen ein. Ein mittelalterlicher Skandal und für die Schotten eine Demütigung. An dieser Situation sollte sich in den folgenden Jahrhunderten nichts mehr ändern. Seit der Vereinigung der beiden Königreiche von England und Schottland (Act of Union) von 1707 wurde der Stein zudem zur Krönung der britischen Monarchen genutzt.

Die Befreiungsaktion

Am 23. Dezember des Jahres 1950 fuhren der Jura-Student Ian Hamilton und seine Kommilitonen Gavin Vernon, Alan Stuart und der Studentin Kay Matheson vom schottischen Glasgow mit zwei Ford Anglias und einem verwegenen Plan im Gepäck zur Londoner Westminster Abbey: Sie wollten den legendären Krönungsstein, den »Stone of Destiny«, stehlen, besser gesagt »zurück«-stehlen. Für Ihre Fahrt von 400 Meilen nach London brauchten sie rund 18 Stunden, denn sie vermieden große Straßen. Sie wollten möglichst nicht erkannt werden.

Ihr Tatmotiv war nicht persönliche Bereicherung. Hamilton selbst bezeichnete seine Tat später nicht als »Diebstahl«. Vielmehr sei es eine Befreiungsaktion gewesen, um den Stein seinem rechtmäßigen Besitzer, dem schottischen Volk, zurückzugeben.

Der Tathergang

In Westminster angekommen, wollten sich Hamilton und seine Helfer Zugang zur Krönungskirche durch den Seiteneingang verschaffen, ohne von den Wachmännern bemerkt zu werden. Hamilton versteckte sich in der Abbey bevor sie schloss, wurde aber von einem aufmerksamen Wachmann entdeckt. Der ging davon aus, es mit einem Obdachlosen zu tun zu haben und bot ihm etwas Geld an, bevor er ihn höflich, aber mit Nachdruck aus der Kirche schmiss. Davon unbeeindruckt verlegten die Vier ihr Vorhaben auf den folgenden Abend, den Weihnachtsabend.

Dieses Mal gelang es den drei Männern, unbemerkt in die Westminster Abbey einzudringen. Kay Matheson wartete derweil in einem der Autos.

Bis dahin verlief alles nach Plan. Mit vereinten Kräften versuchten sie, den unter der Sitzfläche des Throns befindlichen Krönungsstein herauszubugsieren. Beim Diebesgut handelt es sich um einen schweren Sandsteinquader mit einer bewegten Geschichte, der sich nun anschickte, erneut Geschichte zu schreiben. Dann, beim Versuch, den Tatort so unauffällig wie möglich zu verlassen, passierte das Malheur. Der schwere Stein fiel ihnen zu Boden und ging zu Bruch! Auf einmal blickten die von nationalem Pathos getriebenen Stein-Kidnapper auf zwei sehr unterschiedlich große Teile ihres »Heiligtums« herab. Was sich die Drei in dem Moment gedacht haben, als sie das ramponierte Symbol schottischen Stolzes unbemerkt in den Kofferraum ihres Fluchtwagens schleppten, kann man nur vermuten. Je ein Teil des Steines gelangte in einen der Fluchtwagen. Hamilton merkte Jahre später an, dass der zerbrochene Stein so zumindest leichter zu tragen gewesen sei.

Unentdeckt, wie sie gekommen waren, verschwanden sie. Doch der Diebstahl blieb nicht lange unbemerkt. Die Wachleute schlugen Alarm. Die englische Polizei übernahm unverzüglich die Untersuchung und die Verfolgung. Man ging davon aus, dass die Diebe schnurstracks Richtung Norden geflohen sein müssten, um schnellstmöglich mit dem Stein über die Grenze nach Schottland zu gelangen. Die Grenzen zwischen England und Schottland wurden geschlossen, Straßensperren eingerichtet und Fahrzeuge kontrolliert. Polizeistreifen jagten durch die Nacht. Die Bevölkerung wurde über Rundfunkdurchsagen um ihre Mithilfe gebeten, ohne Erfolg. Der Stein war wie vom Erdboden verschwunden.

Hamilton und Stuart fuhren mit ihrem Fluchtwagen aber nicht nach Norden, sondern nach Süden, denn sie hatten das Verhalten der englischen Polizei vorhergesehen. Sie versteckten den Stein (Hamilton und Stuart hatten den größeren Teil) in England und kehrten ohne ihn nach Schottland zurück. Erst eine Woche später holten sie ihn. Auf einer unbewachten Brücke über den River Esk in der Nähe von Carlisle gelangte der Stein in den frühen Morgenstunden des 31. Dezembers 1950 nach über 650 Jahren wieder auf schottischen Boden – zumindest teilweise. Die heimliche Flucht nach Schottland gelang.

Was ist in der Zwischenzeit eigentlich mit dem kleineren Stück geschehen? – Matheson hatte es in ihrem Wagen, auch sie blieb zunächst in England, ließ Stein und Auto bei Freunden in Birmingham und kehrte dann nach Schottland zurück. Auch diesen Teil brachte Hamilton nach Schottland. Er fuhr mit dem Zug nach Birmingham und holte den Ford Anglia samt dem kleineren Bruchstück ab.

Während die beiden Teile unbemerkt durch England zurück nach Schottland reisten, wurde in den Medien wild über den Verbleib des Krönungssteins spekuliert. Die Polizei setzte ihre Untersuchungen derweil unvermindert fort. Die zur damaligen Zeit stolze Summe von 2.000 Pfund wurde als Belohnung für sachdienliche Hinweise, die zur Wiederbeschaffung des Steins führen sollten, ausgelobt – ohne Erfolg!

Zerbrochen konnte man den Krönungsstein aber unmöglich an Schottland zurückgeben. Darin waren sich Hamilton, Vernon, Stuart und Matheson einig. Also machte man einen Umweg und ließ ihn vom Steinmetz Robert Gray kurzerhand reparieren. Anschließend deponierten sie den Stein am 11. April 1951 in der Arbroath Abbey auf dem Klosteraltar, bedeckt mit der schottischen Fahne, und verschwanden.

Jetzt können Sie sich fragen, warum Hamilton und seine Komplizen ausgerechnet diese Abbey auswählten. – Ganz einfach: am 6. April 1320 wurde in der Arbroath Abbey die Erklärung der Unabhängigkeit Schottlands von England unterzeichnet. Bis heute wird dort die Deklaration am 6. April eines jeden Jahres gefeiert, inklusive Prozession und historischer Aufführungen.

Und nun zurück ins Jahr 1950: England war düpiert, Schottland war begeistert. Der Skandal, den Edward I. von England im Jahr 1296 mit dem Raub des Steines ausgelöst hatte, wurde nun Jahrhunderte später noch getoppt.

Doch der Erfolg war nur von kurzer Dauer. Der Stein musste nach kurzem Verweilen auf schottischem Boden wieder an England zurückgegeben werden. Im Frühjahr 1951 war er wieder in England. Es dauerte dann allerdings bis zum 26. Februar 1952, bis der Stein wieder an seinem »alten« Platz im Exil unter dem englischen Thron war. Von nun an vermutlich auch besser bewacht.

Was wurde aus Hamilton und seinen drei Komplizen?

Hamilton und seine Mittäter konnten alsbald als Täter ermittelt werden. Die Polizei überprüfte die Bibliothek von Glasgow und stellte fest, dass ein gewisser Ian Hamilton einen Monat vor dem Diebstahl alle drei Bücher über den Stein ausgeliehen hatte. Daraufhin konzentrierte die Polizei ihre Untersuchungen auf die Universität von Glasgow und kam so Hamilton und seinen Komplizen auf die Schliche.

Sie wurden aber nicht angeklagt und nie juristisch dafür zur Verantwortung gezogen. In Schottland erlangten sie eine Art Heldenstatus. Obwohl man ihnen die Tat beweisen konnte, verzichtete die englische Justiz auf eine Anklage. Die Situation war so schon peinlich genug. Man wollte wohl nicht noch schottische Märtyrer aus ihnen machen. Auch wäre die Frage, wie der Krönungsstein seinen Weg nach England gefunden hat, bei einer Verhandlung sicherlich zur Sprache gekommen, verbunden mit der dazugehörigen emotionalen Diskussion, die die Stimmung zwischen England und Schottland nicht unbedingt verbessert hätte.

Im Jahr 1996 war es dann soweit: Ein Stein kehrte endgültig nach Hause zurück

1996 war es dann endlich soweit. Der Stone of Destiny kehrte nach 700 Jahren Exil nach Schottland zurück – und das, im Gegensatz zu 1950, ganz legal und in einem Stück. In einer feierlichen Zeremonie wurde der Krönungsstein offiziell ins Castle von Edinburgh gebracht, wo er seitdem zusammen mit den schottischen Kronjuwelen – Krone, Amtsschwert und Zepter – streng bewacht wird und besichtigt werden kann. Es ist allerdings vereinbart worden, dass der Krönungsstein für zukünftige Krönungen einer englischen Königin oder eines englischen Königs in die Westminster Abbey zurückgebracht werden soll, wohlgemerkt aber nur als Leihgabe für die Dauer der Krönungszeremonie. Letztmalig kam der Krönungsstein am 2. Juni 1953 bei der Krönung von Elisabeth II. zum Einsatz.

Nachdem der damalige britische Premierminister John Major die Rückgabe des Krönungssteins an Schottland ankündigte, fand dies nicht nur Befürworter. Die britische Tageszeitung »The Independent« begann ihren Artikel vom 4. Juli 1996 mit dem Satz: »The Scots asked for a parliament, and John Major gave them a Stone«.[2]

Auch in Schottland war die Diskussion um den Stein mit der Rückgabe noch nicht zu Ende. 1296 war der Stein aus der Scone Abbey entwendet worden. Einige fragten sich, warum er nicht wieder dorthin zurückgebracht wurde. Edinburgh Castle sei schließlich eine aktive Garnison des britischen Militärs, in der die britische Fahne neben der schottischen weht und irgendwie habe die englische Krone dadurch in gewisser Weise noch Einfluss auf den Stein. Wie dem auch sei, der Stein ist wieder auf schottischem Boden und kann zusammen mit den schottischen Kronjuwelen besichtigt werden, und ich finde, das zählt.

---

2 Ascherson, Neal: Major tries royal magic to appease the Scots, in: The Independent, https://www.independent.co.uk/news/major-tries-royal-magic-to-appease-the-scots-1327166.html, 04.07.1996, [eingesehen am 01.08.2018].

Der Stein, seine Mythen und Legenden

Um den Krönungsstein ranken sich verschiedene Mythen und Legenden. Eine durchaus als gehässig zu bezeichnende Legende besagt, dass die Mönche der Scone Abbey schlau waren und König Edward I. 1296 gar nicht den echten Stone of Destiny ausgeliefert haben sollen. Vielmehr hätten sie einen in Form und Größe gleich aussehenden Stein aus ihrer Toilette herausgebrochen und übergeben. Somit hätte König Edward I. Zeit seines Lebens auf einem schottischen Toilettenstein und nicht auf dem schottischen Krönungsstein gesessen. Damit bekommt der flapsige Ausdruck für einen Toilettengang »Auf dem Thron sitzen« eine neue Bedeutung. Sollte an der Geschichte etwas Wahres dran sein, dann würde das, was für König Edward I. gilt, auch für alle ihm nachfolgenden Monarchen gelten. Was mit dem echten Stein seitdem passiert sein soll, darüber sagt die Geschichte allerdings nichts... Lost in History!

Eine andere Legende folgt einem ähnlichen Plot, geht nur nicht so weit in der Zeit zurück. Hier heißt es, nach der gescheiterten »Befreiungsaktion« von Hamilton und seinen Komplizen im Jahr 1950 habe der Steinmetz Robert Gray bei der Reparatur des Steins ein Duplikat gefertigt, das in Arbroath den englischen Behörden übergeben worden sei.

Wenn Sie jetzt im Castle von Edinburgh vor dem leicht ramponiert aussehenden Krönungsstein stehen und ihn betrachten, können Sie sich selbst eine Meinung darüber bilden und Ihren Gedanken freien Lauf lassen: Handelt es sich nun um den echten Krönungsstein oder doch um ein Duplikat?

Da heute keiner so richtig weiß, wie das Original von 1296 aussah, und ein Sandsteinblock am Ende des Tages ein Sandsteinblock bleibt, hängt die Magie des Steins letztendlich davon ab, ob man an den Krönungsstein glaubt. Ich habe mich bei meinem letzten Besuch im Castle dafür entschieden, genau das zu tun! – Aber entscheiden Sie selbst...

Wee Story 2: Die zwei Gesichter des Deacon Brodie – Ein Edinburgher Kriminalfall mit Spuren in die Weltliteratur

Auf der Royal Mile am Lawnmarket, Ecke Bank Street, nicht weit vom Edinburgh Castle entfernt, befindet sich ein Pub-Restaurant, die Deacon Brodie's Tavern. An der Taverne hängen außen über Eck zwei Schilder, die einen gewissen Deacon Brodie zeigen, als einen am Tage ehrbaren Edinburgher Bürger mit einem Schlüsselbund in der Hand – und als einen in der Nacht verschlagenen Dieb mit Maske und Geldbeutel.

Im Erdgeschoss befindet sich ein immer gut besuchtes, traditionelles schottisches Pub, in dem man Bier und Whisky trinken kann. Im ersten Stock befindet sich das dazugehörige Restaurant. Wenn Sie etwas Glück haben und einen Tisch am Fenster ergattern können, haben Sie einen guten Blick auf die Hauptstraße und auf die gegenüberliegende Häuserzeile mit Brodie's Close und dem Gebäude, in dem Deacon Brodie gewohnt haben soll. Im heutigen Parterre des Hauses im Brodies Close war zu seiner Zeit seine Tischlerei. Er selbst soll den ersten Stock bewohnt haben.

Wenn Sie mal bei Deacon Brodie's Tavern vorbeikommen und sich unweigerlich fragen, was sich hinter der seltsamen Beschilderung des Pubs verbirgt, dann lesen Sie hier die dazugehörige Geschichte:

Wir gehen zurück ins Schottland des 18. Jahrhunderts, genauer gesagt in die Old Town von Edinburgh des Jahres 1768. Deacon William Brodie, geboren am 18. September 1741 in Brodies Close, war zu diesem Zeitpunkt 27 Jahre alt. Er führte ein Leben als Tischler und war ehrenwertes Mitglied im Stadtrat von Edinburgh sowie der örtlichen Handwerkerinnung. Die Mitgliedschaft im Stadtrat sicherte ihm eine herausgehobene Stellung, die ihm Ansehen und Einfluss verlieh.

Brodie war Sohn eines erfolgreichen Tischlers. Sein Vater hatte ihm 1782 mit 10.000 Pfund ein zur damaligen Zeit ansehnliches Barvermögen hinterlassen. Hinzu kamen mindestens vier Häuser und das gutlaufende Geschäft. Somit war Brodie's finanzielle Zukunft eigentlich mehr als gut abgesichert.

Tagsüber tischlerte Brodie für gutsituierte Bürger der Edinburgher Gesellschaft, nachts jedoch verwandelte er sich in einen Einbrecher und Dieb. Brodie nutzte seine am Tag gemachten Beobachtungen und das ihm von seinen Kunden entgegengebrachte Vertrauen dazu, um die Schlösser und Sicherheitsvorkehrungen in den jeweiligen Häusern auszuspionieren. Bei Ortsterminen fertigte er in unbeobachteten Momenten Wachsabdrücke der Schlüssel an, um daraus Nachschlüssel herzustellen. In der Nacht brach er weitgehend lautlos, ohne Schäden anzurichten und Spuren zu hinterlassen, ein und stahl die vorher sorgfältig ausgewählten Gegenstände.

Brodie der Lebemann

Mit dem erbeuteten Geld finanzierte Brodie sein extravagantes und kostspieliges Doppelleben. Brodie hatte zwei Geliebte, mit denen er insgesamt fünf uneheliche Kinder zeugte, für deren Lebensunterhalt er aufkam. Zudem war er ein leidenschaftlicher Spieler, der viel Geld für seine Spielsucht benötigte. Auch der Nervenkitzel, Verbotenes zu tun, mag eine Motivation gewesen sein. Seinen ersten Beutezug unternahm Brodie im Jahr 1768. Er kopierte die Schlüssel einer Bank und stahl 800 Pfund.

Im Jahr 1786 weitete er seine kriminelle Energie aus und heuerte drei Diebe an: Andrew Ainslie, John Brown und George Smith, die Beteiligung von Ainslie sollte sich später für Brodie noch als tragisch erweisen.

Im Sommer 1786 liefen sich zuerst Brodie und der englische Schlosser Smith, der gerade in Edinburgh angekommen war, über den Weg. Möglicherweise hätte sich alles anders entwickelt, hätte er den ungewöhnlichen Engländer nicht getroffen. Beide zusammen waren sehr fleißig im Auskundschaften und Ausrauben von Geschäften und Häusern in der Old Town. Kurz darauf stießen dann Brown und Ainslie dazu und komplettierten die Bande.

Es kam, wie es kommen musste...

Im Jahr 1786 überfiel die Bande das Akzisen-Amt in Chessel's Court. Brodie's Rolle bestand darin, Schmiere zu stehen, aber er schlief ein. Infolgedessen wurde die Bande beim Einbruch erwischt und entkam nur knapp ungesehen vom Tatort. Allerdings wurde Ainslie gefangen genommen. Im Verhör bot man ihm eine Kronzeugenregelung an, wenn er seine Komplizen verriete. Er stimmte zu und Smith und Brown konnten kurze Zeit später festgenommen werden. Brodie entkam jedoch und floh über London nach Amsterdam. Von dort aus wollte er nach Amerika reisen. In Amsterdam erregte er aber die Aufmerksamkeit der Polizei und wurde umgehend nach Edinburgh zurückgebracht, inhaftiert und angeklagt.

Am 27. August 1788 begann das öffentliche und von den Einwohnern Edinburghs mit Spannung verfolgte Gerichtsverfahren gegen Brodie. Allerdings konnte die Anklage vorerst keine Beweise gegen ihn vorlegen. Erst durch eine Hausdurchsuchung fand man belastende Spuren, wie eine Sammlung kopierter Schlüssel und verräterische Kleidungsstücke, die er zur Tarnung getragen haben soll. Infolgedessen sprach das Gericht Brodie und Smith nach nur 21 Stunden Verhandlung für schuldig und verurteilte beide zum Tode durch den Strang.

Die besagte Schlüsselsammlung und eine Laterne können heute im Museum on the Mound besichtigt werden. Das Museum, das auf die Themen Geld, Münzen und Wirtschaft von der Vergangenheit bis in die Neuzeit spezialisiert ist, befindet sich in der Bank Street neben dem Hauptsitz der Bank of Scotland, etwa 100 Meter von Deacon Brodie's Taverne entfernt. 1841 wurden die Gegenstände von Angestellten der Edinburgher Justizverwaltung dem National Museum of Scotland gespendet und dem Museum on the Mound als Leihgabe zur Verfügung gestellt.

Brodie's extravagantes Ende

Am 1. Oktober 1788 wurden Brodie und Smith in der Nähe der St Giles Kathedrale, nicht weit entfernt von Brodies Close, gehängt. Vom Pub aus schaut man die Royal Mile hinunter und sieht die St Giles Kathedrale in vielleicht 150 Metern Entfernung stehen. Zur Hinrichtung erschien Brodie herausgeputzt in bester Kleidung und einer gepuderten Perücke. Ein zu seinem extravaganten Lebensstil durchaus passendes Ende. Man sagt, dass zu seiner Hinrichtung 40.000 Schaulustige gekommen seien. Ironischerweise wurde Brodie an einem Galgen gehängt, den er selbst für die Stadt Edinburgh gebaut hatte.

Es kursiert die Geschichte, dass Brodie bei der Hinrichtung ein stählernes Halsband getragen haben soll, um zu verhindern, dass er am Galgen hängend stranguliert würde. Er soll mit dem Henker vereinbart haben, dass dieser ihn möglichst umgehend nach der Hinrichtung vom Galgen abnehmen und anschließend wiederbeleben sollte.

Sollte an der Geschichte etwas Wahres dran sein, dann hat sein Plan nicht funktioniert. Brodie wurde auf einem Edinburgher Friedhof anonym beigesetzt.

Später kursierten weitere Gerüchte, er sei in Paris gesehen worden, habe es also doch geschafft, dem Tod zu entgehen.

Die Geschichte von Deacon Brodie inspirierte den schottischen Schriftsteller Robert Louis Stevenson (1850-1894) ein Jahrhundert später, im Jahr 1886, zu der Novelle »Der seltsame Fall des Dr. Jekyll und Mr. Hyde«. Auf diese Weise lebt Deacon Brodie doch irgendwie weiter…

Wee Story 3: Der einsame Geist vom Mary King's Close

Bei dieser Geschichte möchte ich Sie mit der Geisterwelt von Edinburgh bekannt machen – zumindest mit einer der zahlreichen Geistergeschichten, die sich in Edinburgh zugetragen haben sollen. Wir gehen dazu auf der Royal Mile etwa bis zur Höhe der St Giles' Cathedral. Gegenüber der Kathedrale befindet sich der Eingang zu »The Real Mary King's Close«, das beim zweiten Blick deutlich mehr ist, als eine Touristenattraktion, wie wir noch sehen werden.

Doch bevor wir uns mit dem Übernatürlichen beschäftigen, das sich hier zugetragen haben soll, fangen wir mit den historischen Gegebenheiten der schottischen Hauptstadt an. Das wird uns helfen, die Geschichte mit den Augen der Zeit zu sehen und sie entsprechend einzuordnen.

Als die Häuser immer höher und die Straßen immer enger wurden Das alles überragende Castle von Edinburgh sitzt auf einem alten erloschenen Vulkankegel. Während der Eiszeit haben Gletscher das lockere Gestein an der Außenseite des Vulkans abgetragen. Übrig blieb die harte, erstarrte Lava des Vulkanschlots mit dem abfallenden Sattel, auf dem sich die Royal Mile hinab bis zum Holyrood Palace erstreckt. Der Burghügel mit seinem Plateau war der Ausgangpunkt der Besiedelung. Bis ins

9. Jahrhundert vor Christus konnten Besiedlungsspuren nachgewiesen werden, auf denen das heutige Castle steht. Die Stadt wuchs um das Castle herum. Edinburgh Castle hat die Stadt und das Stadtbild geprägt. Es war von weitem sichtbar und so etwas wie eine Landmarke. Auch von der Seeseite, vom Firth of Forth aus, war es gut zu erkennen.

Die Royal Mile ist die prächtige Hauptstraße in der Altstadt, der Old Town. Quer zu ihr verlaufen vom Castle bis zum Holyrood Palace auf etwas mehr als einer Meile, die der Straße zu ihrem Namen verhalf, rechts und links, teils sehr steile, »Closes« (»Engen«) genannte Gassen, die seit dem 16. Jahrhundert existierten und das Stadtbild teilweise noch heute prägen. Sie waren meist so schmal, dass man die Hauswände beider Straßenseiten mit ausgestreckten Armen berühren konnte, zusätzlich verengt durch Buden von Händlern, die den Bewohnern Dinge des täglichen Bedarfs feilboten. Es gab 214 dieser Closes und sie alle hatten eigene Namen. Hier standen hohe Häuser, häufig mit 8, 10 oder sogar 12 Stockwerken, die nur wenig Sonnenlicht bis auf den Gassengrund ließen. 30.000 Menschen lebten hier auf lediglich einer viertel Quadratmeile zusammengepfercht. Nachts waren die Gassen mit Toren verschlossen, um die Bewohner vor Einbrechern zu schützen.

Zweimal am Tag, morgens um 7:00 Uhr und abends um 22:00 Uhr, war es den Bewohnern erlaubt, ihren Unrat und ihre angesammelte Notdurft auf die Straße zu kippen. Bei bis zu zwölf Personen pro Raum und der großen Anzahl der Geschosse, kam da so einiges zusammen. Wenn der Ausspruch »Gardyloo«, aus dem Französischen abgeleitet von gardez l'eau!, »Achtung Wasser!«, ertönte, wusste man auf der Straße, dass gleich etwas aus dem Fenster geschüttet wurde und man sich schnell in Sicherheit bringen sollte. Da es damals in Edinburgh noch keine Toiletten gab, schmiss und goss man einfach alles auf die Straße. Der Regen und das starke Gefälle sorgten für den Abtransport.

In einer dieser Gassen lebten auf engstem Raum Hunderte von Menschen aller Klassen, die Reichen in den mittleren Etagen und die Armen in den unteren und ganz oben. Privatsphäre gab es kaum. Handwerker hatten meist unten ihre Werkstätten, Fleischer schlachteten direkt vor ihren Läden, inmitten von dem, was das vorherige Gardyloo an Abfall und Fäkalien so mit sich gebracht hatte. Die miserablen hygienischen Bedingungen, den Gestank, und den Dreck kann man sich heute kaum vorstellen. Die Old Town von Edinburgh wurde auch Auld Reeke (Auld Smelly) genannt. Man soll Edinburgh damals schon aus einer Entfernung von 15 Meilen gerochen haben. Was die Menschen so alles auf sich nahmen, um in relativer Sicherheit innerhalb der Stadtmauern leben zu können. Das waren also die guten alten Zeiten in Edinburgh.

Das erklärt vielleicht auch, warum die schreckliche Pestepidemie von 1645 derart stark in Edinburgh wüten konnte. Ihr viel über die Hälfte der Bevölkerung zum Opfer.

Theodor Fontane beschrieb in seinem Reisebericht von 1858 eine Close, wie er es bei einem Spaziergang durch die Old Town von Edinburgh wahrnahm, wie folgt:

Eines [ein Haus] gleicht dem anderen. Grau, steinern, schmucklos steigen sie in die Luft, unmalerisch einzeln, aber pittoresk als Ganzes und immer wirksam durch Masse und Proportion. Was ihnen bei genauerem Einblick einen aparten Zug verleiht, das sind die sogenannten ›Engen‹ jene wunderlichen Kreuzungspunkte von Hof, Mauergang und Sackgasse, die unter dem Namen der ›Closes von Edinburg‹ in ganz England eine Art von Notorität erlangt haben. (…)

Man passiert zuerst einen schmalen, überwölbten, leider oft als Rinnstein dienenden Gang, der sich durch die ganze Tiefe des Hauses zieht, etwa wie ein Festungstor durch die ganze Tiefe der Mauer läuft. Hat man, nach vorsorglicher Applizierung eines Taschentuchs, diesen im Dunklen fließenden Schleichbach hinter sich, so steht man auf einem mal stein-, mal fliesenbedeckten Hofe, der bei der Höhe der Häuser, die ihn dicht umschließen, mehr einem Rauchfang als einem Hofe gleicht. Treppen münden hier aus, unbeschreiblicher Schutt und Hausrat liegt in den Winkeln umher, und durch alle Etagen hindurch hängt Wäsche an Stöcken und Stangen zum Fenster hinaus. Wieviel Tage die letztere braucht, um hier ohne Luft und Licht zu trocknen, hätt' ich gern erfahren. Das sind die Closes von Edinburg.[3]

---

3 Fontane, Theodor (1860): Jenseit des Tweed. Bilder und Briefe aus Schottland, Erstdruck: Springer, Berlin 1860, Berliner Ausgabe, 4. Auflage, 2016, S. 29.

Ein lang vergessener Ort: Zurück in die Vergangenheit

Nun zurück in die Gegenwart, die uns einen Blick in die Vergangenheit gewährt. In der heutigen Touristenattraktion »The Real Mary King's Close« können Sie eine etwa einstündige Zeitreise zurück in einen typischen Edinburgher Close des 17. Jahrhunderts unternehmen. 2013 wurde dieser lange vergessene Ort wieder für die breite Öffentlichkeit zugänglich. Mittelalterlich verkleidete Führer vermitteln den Besuchern bei einem Rundgang, unter welchen Bedingungen die Menschen damals hier gelebt, gearbeitet und gelitten haben.

Ein wahres Labyrinth von Gängen, wohlgemerkt die zugänglich gemachten Originalräume und nicht nachgebaute Kulissen. Von dem ursprünglichen Mary King's Close sind nur noch die unteren Etagen übrig, da man die oberen Etagen später abgetragen und als Fundament für die heutigen Bauten verwendet hat. Das Close und die Untergeschosse liegen seitdem unter dem Straßenniveau. Das war kostengünstiger als ein kompletter Abriss – schottische Sparsamkeit! Aus heutiger Sicht ein Glücksfall, denn dadurch blieb der alte Close im Untergrund über die Jahrhunderte erhalten. Seit Jahrhunderten gelangte kein Tageslicht mehr an diesen Ort.

Sie taten das Richtige aus dem falschen Grund

Die Auswirkungen der Pest, die im Jahr 1645 Edinburgh heimsuchte, spielt bei den Führungen eine wichtige Rolle. Die Pest dauerte 18 Monate und dezimierte die Bevölkerung erheblich. Insgesamt elf Mal soll Edinburgh vom »Schwarzen Tod« heimgesucht worden sein. War man einmal erkrankt, gab es kaum Hoffnung auf Rettung. Eine weiße Fahne am Fenster oder der Tür war das warnende Zeichen dafür, dass hier die Pest eingezogen war. Die Nachbarn und andere Bewohner der Stadt konnten den Bereich meiden, um eine Ansteckung zu verhindern. Edinburgh ging mit dieser Form der Quarantäne konsequent vor und konnte die Krankheit auf diese Weise tatsächlich eindämmen. Über viele Pestepidemien hinweg hat sich eine lange Tradition organisierter Quarantänen entwickelt.

Wer es sich finanziell leisten konnte, verließ die Stadt. Die Ärmeren konnten nur hoffen, von der todbringenden Ansteckung verschont zu bleiben. Das gesellschaftliche Leben kam während der Pest weitgehend zum Erliegen. Schulen wurden geschlossen, und das schottische Parlament wurde kurzerhand ausgelagert. Vorlesungen der Universität von Edinburgh wurden in der St Michael's Church am Linlithgow Palace gehalten, auf halbem Weg zwischen Edinburgh und Stirling.

Die Erkrankten wurden mit Lebensmitteln und den Dingen des täglichen Bedarfs versorgt. Geschichten, dass Pestkranke im Mary King's Close lebendig eingemauert wurden, halten sich hartnäckig, müssen aber im Bereich der Mythen und Legenden verortet werden.

Bei der Tour wird einem anschaulich die Rolle der damaligen Ärzte erläutert, die vollständig verhüllt, mit einem langen Ledermantel, Handschuhen und einer mit einem Vogelschnabel versehenen Maske bekleidet, die Kranken behandelten. In den Schnabel stopften sie Kräuter, die sie vor einer Ansteckung schützen sollten. Zudem halfen die Duftstoffe, den Gestank zu ertragen. Die Masken hatten aber auch eine ganz andere Funktion. Eine Theorie dieser Zeit besagte, dass die Pest durch die Luft mittels »böser Geister« übertragen wurde. Um diese zu verjagen, sollten sie selbst »böse« aussehen. Der Anblick der Ärzte in ihrer Schnabelmaske muss in der Tat ein schauriger Anblick gewesen sein. Zumindest dürften sie schon von weitem erkennbar gewesen sein. Heute wissen wir, dass die Pest durch Flöhe übertragen wurde. Die Ärzte taten somit das Richtige, indem sie sich vollkommen verhüllt den Kranken näherten, allerdings aus dem falschen Grund.

Wee Annie – Die kleine Annie

Mit dem Wissen um die Lebensumstände der damaligen Zeit im Gepäck kommen wir nun zur Geschichte, die sich angeblich im Mary King's Close zugetragen hat. In einem bestimmten Raum dieses unwirtlich dunklen Gemäuers wird man von einem Stapel Spielzeuge, vor allem Puppen, aber auch Polizei- und Feuerwehrabzeichen aus aller Herren Länder, überrascht. Dazu wird folgendes erzählt:

Im Jahr 1992 besuchte das japanische »Medium« Aiko Gibo im Rahmen von Dreharbeiten für eine Dokumentation über paranormale Aktivitäten die dunklen Räume im King's Close von Edinburgh. Beim

Durchschreiten der Räume ereignete sich zunächst nichts, was aus Sicht Gibos auf paranormale Aktivitäten hindeutete. Gibo wollte die Tour bereits enttäuscht abbrechen, als sie zu einem Raum kam, einer ehemaligen Küche, in den einzutreten sie sich weigerte. Sie gab an, hier ein schreckliches Gefühl von Krankheit, Hunger und Kälte zu verspüren. Kurze Zeit später betrat sie dann doch den Raum. Auf ihren Sinneswandel angesprochen, antwortete sie, dass sie vom Geist eines kleinen Mädchens namens Annie eingeladen worden sei, einzutreten. Das kleine Mädchen habe plötzlich neben ihr gestanden, sie an ihrem Hosenbein gezogen und so auf sich aufmerksam gemacht.

Annie habe angegeben, hier gelebt zu haben. 1645 sei sie an der Pest gestorben. Als sie am »Schwarzen Tod« erkrankt sei, sei sie von ihrer Familie verstoßen und hier zurückgelassen worden. Sie sei ganz allein hier unten und habe ihre Puppe verloren. Auch sonst hätte sie nichts zum Spielen. Gibo ging daraufhin zu einem Geschäft auf der Royal Mile und kaufte eine Tartan-Barbie und brachte sie ihr zum Spielen. Seitdem wurde der armen Annie offenbar gedacht und weiteres Spielzeug hinterlegt.

Zu guter Letzt: Wer war eigentlich Mary King?

Die Closes wurden damals nach den größten ansässigen Geschäften, Handwerkern oder Händlern benannt, wie zum Beispiel Fleshmarket Close oder Advocate's Close. Auch prominente Anwohner waren namensgebend wie bei Stewart's, Pearson's oder eben Mary King's Close.

Dokumente belegen, dass Mary King in den 1630er Jahren eine bekannte und erfolgreiche Händlerin war. Allerdings war der Close nicht von Anfang an nach ihr benannt. Er hieß früher King's Close und Alexander King's Close. Mary King verstarb im September 1644, drei Monate vor dem Ausbruch der Pest in Edinburgh.

Wee Story 4: Burke und Hare

Für diese Geschichte bleiben wir in der Old Town von Edinburgh und begeben uns ins Jahr 1827. Edinburgh war zu dieser Zeit eines der führenden Zentren für die medizinische Forschung auf dem Gebiet der Anatomie. Anatomie-Professoren wie Dr. Robert Knox oder Alexander Munro III. lieferten sich einen regelrechten Konkurrenzkampf. Der Bedarf an Leichen zum Üben war entsprechend groß, das Angebot hingegen nicht. Daraus erwuchs eine mörderische Geschäftsidee, von der die folgende makabrere Geschichte handelt.

Dr. Knox: Der Arzt, dem die Räuber vertrauten

Der gebürtige Ire, William Burke, war gelernter Schuster. Er kam nach Edinburgh, um dort Arbeit zu finden. Seine Frau und seine zwei Kinder ließ er in Irland zurück. Nach erfolglosen Versuchen in verschiedenen Berufen Fuß zu fassen, nahm er sich in der Pension von William und Margaret Hare ein Zimmer und wurde zusammen mit seiner Geliebten

Helen MacDougal Dauermieter. Burke und Hare sollen beide beim Union Canal angestellt gewesen sein und sich dort auch kennengelernt haben.

Auf die Idee, mit Leichen Geld zu verdienen, kamen sie, als ein Mieter – auf natürlichem Weg – in der Pension verstarb und noch 4 Pfund für die Miete schuldig blieb. Burke und Hare hörten, dass der Anatomieprofessor Dr. Knox »gutes Geld« für Leichen zahlte. Also stahlen sie den Leichnam und verkauften ihn an Dr. Knox, der ihnen tatsächlich 7 Pfund zahlte.

Einfach verdientes Geld dachten beide. So entstand die mörderische Geschäftsidee, Mieter in der Pension, die allein reisten, zu töten und deren Leichen zu verkaufen. Der Bedarf konnte so nicht gedeckt werden, also lockten sie Menschen der unteren Edinburgher Gesellschaftsschicht in die Wirtschaft der Pension, luden sie zum Trinken ein und töteten sie, wenn sie betrunken genug waren. Sie begannen mit einem kranken Mieter namens Joseph the Miller. Ihm folgte die Rentnerin, Abigail Simpson, die sie von der Straße holten, da gerade kein geeignetes Opfer in der Pension verfügbar war. Dr. Knox bezahlte 15 Pfund für sie.

Sie wandten eine eigens entwickelte Tötungsmethode, später »Burking« genannt, an, um keine Spuren von Gewalt zu hinterlassen und einen möglichst »natürlichen« Tod vorzutäuschen. Burke hielt den Opfern gleichzeitig Mund und Nase zu, während er auf ihrem Brustkorb saß. Der Tod trat kurze Zeit später durch Ersticken ein. Für jeden Leichnam bekamen sie im Schnitt 8 bis 10 Pfund.

Bei ihren Morden begingen sie jedoch Fehler, die ihnen beinahe zum Verhängnis geworden wären. So brachten sie eine Prostituierte namens Mary Patterson um. Als die gute Mary auf dem Seziertisch von einigen Medizinstudenten lag, wurde sie, warum können Sie sich sicherlich denken, wiedererkannt. Ein anderes Mal töteten sie einen jungen Mann, der von seiner Mutter gesucht wurde. Auch hier erkannten Studenten den Jungen während der Sektion wieder. Unverzüglich begann Dr. Knox die Sektion im Gesicht des Toten und leugnete dessen Identität.

Burke und Hare wurden zunehmend dreister. So holte Burke eine Frau direkt aus dem Polizeigewahrsam, in dem er angab, sie zu kennen. Kurze Zeit später war auch sie tot und wurde an Dr. Kox übergeben.

Die Zeit verging und das Duo Burke und Hare beging einen Mord nach dem anderen. Insgesamt wurden ihnen 17 Morde im Zeitraum von 1827 bis 1828 zur Last gelegt. Als Tatmotiv kann ganz eindeutig finanzielle Bereicherung angegeben werden. Die Opfer verkauften sie als Anatomieleichen an Doktor Robert Knox vom Edinburgh Medical College – und der stellte keine Fragen über die Herkunft. Für ihn zählte: je frischer desto besser!

Entgegen der weitläufigen Annahme waren Burke und Hare keine Grabräuber. Sie sorgten für »frische« Leichen. Andere hingegen gingen auf Friedhöfe und gruben nachts die Leichname gerade beerdigter Edinburgher aus, um sie zu Geld zu machen. Das hatte zur Folge, dass auf Friedhöfen Wachtürme errichtet wurden. Mitunter hielten Angehörige mehrere Tage »Wache« am Grab ihres Angehörigen, um zu verhindern, dass dessen Leichnam nachts auf wundersame Weise »verschwand«. Zum Schutz der Leichname wurden auch sogenannte »Mortsafes« genutzt, im Boden verankerte Stahlkäfige oder gusseiserne, abschließbare Stahlsärge, in die der eigentliche Sarg für einige Zeit eingeschlossen wurde, bis dessen Inhalt für die Anatomie nicht mehr brauchbar war. Im National Museum of Scotland in Edinburgh ist ein solcher Mortsafe ausgestellt.

Ihre Glückssträhne riss endgültig mit dem Mord an Mary Docherty. Burke lockte sie ins Haus, indem er ein mögliches Verwandtschaftsverhältnis vorgab. Seine Mutter trage den gleichen Nachnamen. Mary wehrte sich bis zum Tod laut und heftig, was nicht unbemerkt blieb. Mieter der Pension, das Ehepaar James und Ann Gray, schöpften am nächsten Tag Verdacht und fanden den Leichnam von Mary unter dem Bett. Während sie die Polizei alarmierten, warnten die Frauen MacDougal und Hare ihre Männer. Diesen gelang es noch, die Leiche unbemerkt vor Eintreffen der Polizei wegzuschaffen. Bei der Polizei wurden beide getrennt voneinander verhört und verstrickten sich zunehmend in Widersprüche. Ein anonymer Hinweis führte die Polizei schließlich zu Dr. Knox. Man fand die Leiche in seinem Hörsaal. Dieses Mal unversehrt. Ann Gray identifizierte die Leiche eindeutig, so dass nach Burke und Hare auch deren Frauen festgenommen wurden.

Aus dem Verbrecher Hare wird Hare, Kronzeuge der Anklage

Die Polizei war zwar überzeugt, dass Morde begangen worden waren und mindestens einer der Verhafteten schuldig war, aber man war nicht sicher, ob die beigebrachten Beweise für eine Verurteilung reichten. So bot zum Prozessbeginn im Dezember 1828 der Staatsanwalt, Sir William Rae Hare eine Kronzeugenregelung an, wenn er alles gestehe und gegen Burke aussage. Um straffrei, vor allem lebend, aus der Sache herauszukommen, nahm Hare an. Er erzählte lang und detailliert alles und kam, wie vereinbart, frei. William Burke hingegen wurde zum Tod durch den Strang verurteilt – als Einziger!

Nach der Hinrichtung am 28. Januar 1828, so wurde es vom Gericht verfügt, sollte seine Leiche der örtlichen Anatomie zu Forschungszwecken übergeben werden. Damit widerfuhr Burke das gleiche Schicksal wie seinen Mordopfern. Er wurde von Anatomie-Professor Alexander Monro III. öffentlich im anatomischen Saal der Universität von Edinburgh seziert. Seine Totenmaske befindet sich seitdem im Royal College of Surgeons of Edinburgh. Aus seiner Haut soll eine Brieftasche gefertigt worden sein.

Was wurde eigentlich aus den anderen Beteiligten?

Das Urteil, das nur Burke zur Rechenschaft zog, löste eine Welle der Empörung bei den Bürgern von Edinburgh aus und hatte für die verbliebenen Beteiligten entsprechende Konsequenzen:

William Hare: Als Kronzeuge der Anklage wurde er nicht belangt und kam frei. Er floh nach England. Carlisle soll einige Jahre später sein letzter bekannter Aufenthaltsort gewesen sein.

Helen McDougal: Eine Beteiligung an den Morden konnte ihr nicht nachgewiesen werden. Sie entging in Edinburgh nur knapp dem aufgebrachten Mob und floh nach England. Auch dort hatte man schnell von ihrer Verbindung zu den Morden gehört. Sie soll daraufhin nach Australien ausgewandert und dort 1868 gestorben sein.

Margaret Hare: Auch bei ihr fehlten stichhaltige Beweise für eine Verurteilung. Sie entging ebenfalls nur knapp dem Lynchmob und soll nach Irland zurückgekehrt sein.

Dr. Robert Knox: Er bestritt, davon gewusst zu haben, dass die ihm gebrachten Leichen Mordopfer waren. Eine Mitwisserschaft konnte ihm nicht nachgewiesen werden. Somit wurde er rechtlich nie belangt. Beruflich und gesellschaftlich war er aber in Edinburgh als Anatom am Ende. Sein Ruf war ruiniert. Im blieb nur der Wechsel an ein Londoner Krebshospital. Im Jahr 1862 starb er.

Rechtliche Konsequenzen für die britische Regierung aus den Morden

Die Mordserie hatte zur Folge, dass sich die britische Regierung daran machte, die bisherige rechtliche Grauzone, in der sich die medizinische Wissenschaft zur Ausbildung neuer Ärzte befand, mit einem Gesetz aufzuheben. Im Jahr 1832 verabschiedete man mit dem Anatomy Act ein Gesetz, das die Versorgung mit Leichen zu Lehrzwecken eindeutig regelte. Es definierte die legalen Möglichkeiten, an Leichen für Ausbildungszwecke zu gelangen deutlich weiter und machte somit die illegale Beschaffung weniger attraktiv.

Die 17 Mini-Särge vom Arthur's Seat

Arthur's Seat ist, wie der Castle Hill, auf dem das Edinburgh Castle erbaut wurde, vulkanischen Ursprungs und mit 251 Metern Höhe der Hausberg von Edinburgh. Von seinem Gipfel aus hat man einen schönen Blick auf die Stadt sowie auf den Firth of Forth und das angrenzende Umland. Bei schönem Wetter kann ich jedem den Gang auf den Berg empfehlen. Unterschiedliche Routen führen dorthin. Je nach Kondition oder Bereitschaft zu körperlicher Anstrengung, kann man sich dabei Verausgaben oder gemächlich Hinaufgehen.

12 Jahre nach den Morden von Burke und Hare fanden im Juni 1836 Kinder bei der Kaninchenjagd in einer Felsspalte unterhalb des Gipfels 17 unterschiedlich gestaltete, etwa 10 Zentimeter lange Mini-Särge. Die kleine Höhle im Felsen war mit einer Schieferplatte verschlossen. Jedes der mysteriösen Kästchen enthielt eine individuell bekleidete hölzerne Figur.

Acht der 17 Mini-Särge existieren bis heute und können im National Museum of Scotland in Edinburgh besichtigt werden Es scheint, dass alle

Figuren von einer Person gemacht wurden. Bei den Mini-Särgen mögen es zwei verschiedene Personen gewesen sein. Die verwendeten Materialien und die Art der Verarbeitung deuten auf einen Schuhmacher als Urheber hin.

Der Stoff, mit denen die kleinen Figuren »angezogen« sind, stammt nach Aussagen des National Museum of Scotland aus den frühen 1830er Jahren. Somit können die Mini-Särge höchstens ein paar Jahre auf dem Arthur's Seat »begraben« gewesen sein, bevor sie entdeckt wurden.

Es ist bis heute nicht klar, wer sie dort versteckt hat und auch nicht warum. Schnell entstanden auch um den Fund der Mini-Särge diverse Geschichten. Eine mögliche Erklärung geht auch auf die Morde von Burke und Hare zurück. Schließlich lagen die 17 Morde von Burke und Hare noch nicht allzu lange zurück.

Gleich nach ihrer Entdeckung vermutete die schottische Zeitung »The Scotsman« hingegen, dass die Figuren magischen Zwecken dienten. Sollte hier jemand mit einer Art Voodoo-Puppen verwünscht oder gar beschützt werden? Wer weiß? Eine andere Theorie verfolgt den Ansatz, dass die Figuren Seeleute vor dem Tod beschützen sollten. Ob eine der Theorien zutrifft, oder es gar einen gänzlich anderen Grund für das »Bestatten« der Holzfiguren auf dem Arthur's Seat gab, werden wir wohl nicht mehr erfahren. Jeder kann dazu seineeigene These entwickeln.

Die Geschichte von Burke und Hare als Kinderreim

Im Nachgang zur Mordserie von Burke und Hare entstand folgender Kinderreim:

Up the close and down the stair,
In the house with Burke and Hare.
Burke's the butcher, Hare's the thief,
Knox, the man who buys the beef.

Film, Musik und Literatur zu den Verbrechen von Burke und Hare

Mehrfach wurde die Geschichte von Burke und Hare mit unterschiedlichen Ansätzen verfilmt. 2010 machte John Landis unter dem Titel »Burke

& Hare« eine schwarze Komödie daraus, mit Simon Pegg (William Burke), Andy Serkis (William Hare) und Tom Wilkinson (Dr. Knox).

Auch Anhängern der US-Fernsehserie CSI könnte die Geschichte bekannt vorkommen, denn in einer Folge der zweiten Staffel mit dem Titel »Burked« werden ganz ähnliche Verbrechen begangen.

Musikalisch hat sich der bekannte Folkmusiker Robin Laing (1988 veröffentlicht) der Geschichte angenommen. Im Refrain des Liedes »Burke and Hare« heißt es:

Burke & Hare were a terrible pair,
their deeds were beyond belief
They worked underground in Edinburgh town,
The cruellest kind of thief, …

Der bekannte schottische Schriftsteller Ian Rankin hat sich in seiner Inspektor-Rebus-Reihe des Themas angenommen. Im zwölften Fall mit dem Titel »Puppenspiel«, erschienen im Jahr 2004, verschwindet eine Studentin spurlos. Gleichzeitig wird in der Nähe ihres Heimatortes ein kleiner Holzsarg mit einer geschnitzten Puppe darin gefunden.

Robert Louis Stevenson (1850-1894) hat zum Thema der Grabräuberei eine Kurzgeschichte geschrieben mit dem Titel: The Body Snatcher. Die schauerliche Geschichte wurde in der Weihnachtsausgabe 1884 des Pall Mall Magazine zum ersten Mal veröffentlicht. Stevenson hatte die Geschichte bereits einige Jahre früher geschrieben und sie dann bei Seite gelegt mit der Begründung, sie sei einfach zu schrecklich.

Von Edinburgh nach Falkirk

Unsere Reise führt uns von Edinburgh weg in Richtung Osten nach Glasgow, zur größten Stadt Schottlands. Dabei lassen wir die drei Brücken über den Firth of Forth rechts von uns liegen. Die Brücken verbinden Edinburgh mit dem ehemaligen Königreich Fife. Bei den Brücken handelt es sich um Bauwerke aus drei Jahrhunderten. Die rote Eisenbahnbrücke, die 2,4 Kilometer lange Forth Bridge, stammt aus dem späten 19. Jahrhundert und galt bereits damals aufgrund ihrer revolutionären Auslegerbauweise als Meisterleistung schottischer Ingenieurskunst. 4.000 Arbeiter errichteten sie in nur sieben Jahren; 2015 wurde sie von der UNESCO zur Welterbestätte ernannt. Sie ziert schottische Geldscheine: die 5-Pfund- und die 20-Pfund-Note. Die mittlere Brücke, die Forth Road Bridge, wurde Mitte der 60er Jahre eingeweiht und die neuste, die Queensferry Crossing, ist erst seit ein paar Jahren für den Verkehr freigegeben.

Wir wählen allerdings nicht den direkten Weg nach Glasgow über die Autobahn M 8, sondern machen einen kleinen Umweg über die nördlich verlaufende M 9 und schlagen einen lohnenswerten Haken über Falkirk, nordöstlich von Glasgow gelegen. Dabei blitzt auf halbem Weg nach Falkirk kurz der wuchtig wirkende Bau des Linlithgow Palace durch die an der Fahrbahn wachsenden Büsche und Bäume. Heute eine recht gut erhaltene Ruine, war Linlithgow Palace früher der bevorzugte Wohnsitz der schottischen Könige. Maria Stuart, Königin von Schottland, kam hier am 8. Dezember 1542 zur Welt.

Auf der Höhe von Falkirk sehen wir links über die Sichtschutzwand der Autobahn hinweg zwei 30 Meter hohe, stählerne Pferdeköpfe, und diese haben eine Geschichte zu erzählen.

Wee Story 5: The Kelpies – Zwei schottische Wassergeister an der M 9

In der schottischen Mythologie tummeln sich allerhand Fabelwesen. Hier gibt es Kobolde, Elfen, Feen, Trolle, Meerjungfrauen, Einhörner, den Teufel (Old Nick), Hexen und weitere Wesen, an Land, im Wasser, mal liebenswürdig und mal treiben sie ihr gefährliches Unwesen. An der Autobahn M 9 trifft man auf zwei Kelpies, schottische Wassergeister.

Kelpies bewohnen bevorzugt fließende Gewässer im schottischen Hochland. An Land nehmen sie die Gestalt eines großen Pferdes an. Wundern Sie sich nicht, Kelpies können zu Menschen sprechen. Sollte Sie also in Schottland mal ein Pferd ansprechen, dann muss das nicht unbedingt auf Nachwirkungen des letzten Pub-Besuchs zurückzuführen sein. Vorsicht ist aber trotzdem geboten!

Kelpies versprechen Fremden, sie wohlbehalten über einen Fluss zu tragen. Steigt man auf, ist man so gut wie verloren. Sie galoppieren mit dem Reiter zu dem Gewässer, ziehen ihn mit sich unter die Oberfläche, um ihn zu ertränken und verspeisen ihn anschließend. Dem kann man nur entrinnen, wenn man dem Kelpie den Hochzeitsschleier einer

Braut überwirft. Denn dann muss einem, so wird berichtet, der Kelpie zu Diensten sein.

Wahrscheinlich rührt dieser Gedanke aus der Zeit her, in der es noch keine Brücken über die Flüsse gab und es besonders für Kinder gefährlich war, von einem Ufer zum anderen zu gelangen. Da können Geschichten über Wassergeister für Kinder zu wahren Brückenbauern werden.

Vom Wassergeist zum Arbeitstier

Um die Kelpies in ihrer natürlichen Umgebung zu zeigen, hat man sie am Forth and Clyde Canal, der in den River Carron fließt, aufgestellt. Auf beiden Ufern eines schmalen Seitenarms steht jeweils ein monumentaler Pferdekopf. Ändert man die Sichtweise, dann wird aus einem gar nicht so freundlichen Kelpie ein Pferd, das in der Vergangenheit hier als unermüdliches Arbeitstier genutzt wurde und dem ein, wie ich finde, eindrucksvolles Denkmal errichtet ist. Lange Zeit zogen Pferde Lastkähne den Kanal entlang und trugen maßgeblich dazu bei, Güter quer durch Schottland zu transportieren. Pferde wurden so zu einem wichtigen Bestandteil für die schottische Wirtschaft. Die hier errichteten Kelpies sind auch ein Andenken an das Erbe der industriellen Revolution, als Pferdestärken noch wörtlich genommen wurden. Der Forth and Clyde-Kanal verbindet den Atlantik im Westen mit der Nordsee im Osten.

Mythos trifft Moderne

Der Künstler Andy Scott aus Glasgow entwarf die 30 Meter hohen, jeweils 300 Tonnen schweren Stahl-Kelpies. Nach acht Jahren Planung wurde jeder Pferdekopf in nur 75 Tagen gebaut. Im Frühjahr 2014 war das Kunstwerk fertig und wurde offiziell eröffnet. Seitdem kann es zu jeder Tages- und Nachtzeit besichtigt werden. Mein erster Eindruck, als ich vor ihnen stand, war: welch kolossale und gleichzeitig filigrane Eleganz die beiden Kelpies doch ausstrahlen.

Die Außenhaut der Pferde besteht aus fast 1.000 in der Sonne strahlenden Stahlplatten. Sie sind auf Rohrkonstruktionen montiert, die auf Fundamenten von jeweils 1.200 Tonnen Stahlbeton sturmsicher verankert sind.

Das linke Pferd schaut den Betrachter vertrauenserweckend an, während sich das rechte Pferd aufzubäumen scheint, wild den Kopf hebt und die Nüstern bläht. Als Vorlage für die beiden Pferdekopfskulpturen dienten Scott zwei Kaltblüter namens »Duke« und »Baron«.

Die Kelpies sind nicht nur am Tag ein lohnendes Ausflugsziel. Nachts strahlen sie von innen heraus dank einer vielfarbigen Beleuchtung. Die Kelpies erscheinen dadurch in einer mystischen Atmosphäre, ganz im Sinn der Legende von den Wassergeistern.

Die mächtigen Pferdeköpfe haben auch Einfluss auf den Verkehr der nahegelegenen Autobahn M 9. Da das Unfallrisiko zunahm, weil die Autofahrer staunend vom Anblick der Kelpies abgelenkt die Köpfe drehten und langsamer fuhren, hat man eine Sichtschutzwand aufgestellt. Irgendwie könnte man auf den Gedanken kommen, dass da die Bedeutung des Wassergeistes in moderner Form wieder durchkommt.

Wie auch immer, sollten Sie jetzt an Flüssen auf zutrauliche Pferde treffen, die Ihnen anbieten, bei der Flussüberquerung behilflich zu sein, dann wissen Sie jetzt, dass die vermeintlich freundliche Geste ein nicht unerhebliches Risiko mit sich bringen kann, es sei denn, sie haben einen Hochzeitsschleier dabei.

Von Falkirk nach Glasgow

Von Falkrik ist es auf der M 80 nicht weit nach Glasgow an den Ufern des Clyde. Mit etwas mehr als 600.000 Einwohnern ist Glasgow Schottlands größte Stadt. Schottland hat rund 5,4 Millionen Einwohner, von denen allein 2,25 Millionen im Einzugsgebiet der Metropole leben.

Schon im 16. und 17. Jahrhundert florierte die Hafenstadt aufgrund ihres erleichterten Zugangs zu den internationalen Märkten des British Empire. Während der industriellen Revolution seit dem späten 17. Jahrhundert machte sie sich dank ihrer geringen Entfernung zu Kohle- und Eisenerzlagerstätteneinen Namen als Standort der Schwerindustrie.

Zu Beginn des 20. Jahrhunderts war Glasgow insbesondere im Schiffsbau führend. Der zentrale Platz, der George Square, mit seinem prunkvollen Rathaus steht stellvertretend für den vergangenen Reichtum der Stadt.

Glasgow ist geprägt von seinen architektonischen Kontrasten. Untrennbar mit der Stadt ist der Name Charles Rennie Mackintosh (1868-1928) verbunden. Dem berühmten Jugendstil-Architekten und Künstler hat das heutige Glasgow zahlreiche Bauten zu verdanken.

Nach dem Ende des Zweiten Weltkriegs kam der Wandel und traf die Stadt und ihre Menschen mit voller Wucht. Viele Werften mussten schließen. Als auch Stahlwerke und Kohleminen in Konkurs gingen, stieg in den 1970er und 80er Jahren die Arbeitslosigkeit dramatisch an und die sozialen Unterschiede verschärften sich. Mit dem Niedergang der Schwerindustrie veränderten sich auch die Stadt und ihre Menschen. Die Kriminalität erreichte besorgniserregende Dimensionen. Erst, die vermehrte Ansiedlung von Unternehmen der Dienstleistungs- und Finanzbranchen wirkte dem Niedergang schließlich entgegen.

In den 1990er Jahren begann die Stadt, sich Schritt für Schritt neu auszurichten. Man besann sich auf ihre Stärken und stellte siegezielt heraus. Glasgow hat es geschafft, sich von der Arbeiterstadt zur Kulturmetropole mit zahlreichen Museen und Galerien zu wandeln.

Beispiele für den Wandel sind auch großflächige Wandgemälde, Murals genannt, die Glasgow an vielen Ecken und Straßenzügen zieren. Sie greifen lokale Themen auf und erlauben es, die Stadt auf dem sie verbindenden Mural Trail auf ganz besondere Weise zu erkunden. An der High Street, unweit der Kathedrale von Glasgow zeigt eines der Murals auf einer übergroßen Hauswand St. Mungo, den Stadtgründer, mit einem Rotkehlchen auf der Hand in moderner Kleidung und roter Pudelmütze. Auf anderen schwebt ein Taxi an Luftballons über die Straße. Zwei Kinder lassen Seifenblasen aufsteigen. Es werden Tier- und Naturszenen nachgestellt. Auf einer Hausfassade schaut eine Frau durch eine Lupe, um etwas Winziges aufzuheben.

Für unsere nächste Geschichte begeben wir uns vor die Gallery of Modern Art am Royal Exchange Square im Stadtviertel Merchant City. Das aus dem 18. Jahrhundert stammende Gebäude, dessen Eingangsportal einem griechischen Tempel nachempfunden ist, beherbergte Büros zahlreicher Kaufleute, eine Bank, eine Börse und ist heute die Heimat der Gallery of Modern Art und der Stadtbibliothek. Vom Gebäude aus blickt man auf das mit modernen Glasfassaden versehene neue Glasgow. Hier ist der Wandel von Altem und Neuem im Zentrum der Stadt mit Händen greifbar. Direkt vor dem Eingang der Gallery of Modern Art steht ein Denkmal, das anschaulich für das alte und gleichzeitig neue Glasgow steht und das uns unsere nächste Geschichte erzählt.

Wee Story 6: Der Duke of Wellington und sein Hut

Am Royal Exchange Square steht vor dem Museum of Modern Art mitten im Zentrum Glasgows ein klassisches Reiterstandbild. Es wurde vom italienischen Künstler Carlo Marochetti entworfen, im Jahr 1844 errichtet und zeigt Arthur Wellesley, den 1. Duke of Wellington auf seinem Pferd Copenhagen, das er während der Napoleonischen Kriege ritt. Wellington ist unter anderem bekannt für seine herausragende Teilnahme als Oberbefehlshaber der alliierten Truppen an der Schlacht von Waterloo 1815, bei der der französische Kaiser Napoleon vernichtend geschlagen wurde und daraufhin abdanken musste. 1828 wurde Wellington britischer Premierminister. Zum Amtsantritt ritt er auf seinem Pferd zur 10 Downing Street. Im für Pferde hohen Alter von 29 Jahren starb Copenhagen und wurde mit militärischen Ehren beigesetzt.

Das Denkmal fällt durch eine Besonderheit auf, denn der Reiter trägt (üblicherweise) eine ungewöhnliche Kopfbedeckung. Was es damit auf sich hat, erzählt uns die folgende Geschichte.

Vom Pub zum Duke

Die ersten rund 140 Jahre seiner Existenz stand das Denkmal unbehelligt im Zentrum Glasgows und es passierte… nichts. Zumindest nichts, was im »Leben« eines Denkmals ungewöhnlich wäre. Der Duke of Wellington hatte ein auf einem Steinsockel erhöhtes, eher ruhiges, bronzenes Leben, stolz auf seinem Pferd sitzend. Die Bewohner von Glasgow (auch Glaswegians genannt) und Touristen kamen vorbei, bestaunten ihn, machten ein Foto und gingen ihres Weges. Manch einer würdigte ihn nicht auch nur eines Blickes. Wellington führte das typische Dasein eines Denkmals, das bis heute an die großen Taten des Originals erinnert.

1970 wurde die Statue in den schottischen Denkmallisten in die höchste Denkmalkategorie A aufgenommen. Darüber hätte er sich bestimmt gefreut, aber das änderte nichts an der beschaulichen Alltagsroutine.

Irgendwann in den 1980er Jahren, so ganz genau lässt sich das heute gar nicht mehr sagen, änderte sich alles – und blieb so bis heute. Auf mysteriöse Weise gelangte eines schönen Tages, es war wohl eher ein später Abend, ein rotweißes Verkehrshütchen, das uns allen aus dem Straßenverkehr bestens vertraut ist, auf seinen Kopf. Nach dem einen Bier oder dem anderen Whisky muss wohl ein Pub-Besucher, ich unterstelle hier einfach mal männlichen Aktionismus jüngeren Alters, auf die Idee gekommen sein, auf die Statue des Duke of Wellington zu klettern und ihm einen rotweißen Warnkegel aufzusetzen. Vielleicht lagen eine Baustelle und der Duke zufällig auf dem Heimweg. Soweit so gut. Wellington trug also am nächsten Morgen einen Kegel auf dem Kopf.

Und täglich grüßt das Murmeltier

Als die Stadtverwaltung und die örtliche Polizei auf die Zweckentfremdung des Verkehrshütchens aufmerksam wurden, das den Kriegshelden »entstellte«, rückten Mitarbeiter an und entfernten es. Man wies daraufhin, dass es zum einen gefährlich sei, auf das hohe Denkmal zu klettern und dieses zum anderen beschädigt werden könne. Das scheint die Glaswegians irgendwie inspiriert zu haben, denn Unbekannte ersetzten den Kopfschmuck umgehend, woraufhin wieder die Stadtverwaltung anrückte, um ihn zu entfernen, nur um tags darauf feststellen zu müssen, dass wiederum ein Hütchen obenauf saß - und so weiter… und täglich grüßt das Murmeltier könnte man denken.

Je mehr von offizieller Seite mit erhobenem Zeigefinger auf Unterlassung hingearbeitet wurde, desto mehr Spaß schien man daran zu haben, dem zuwiderzuhandeln. Es dauerte nicht lange, bis das Hütchenspiel zur Tradition wurde.

Für das Entfernen des Hütchens entstehen der Stadtverwaltung jedes Mal Kosten in Höhe von rund 100 Pfund. Das summiert sich für ein Jahr auf 10.000 Pfund. Im Jahr 2013 beschloss die Stadtverwaltung, die Sockelhöhe der Statue zu verdoppeln.

Umgehend wurde eine Online-Petition »Save Wellington's Cone« gestartet, der sich binnen Stunden tausende Unterstützer anschlossen. Sie begann mit den Worten: »The cone on Wellington's head is an iconic part of Glasgow's heritage, and means far more to the people of Glasgow and to visitors than Wellington himself ever has.«

Dem kann ich mich nur anschließen. Sind wir mal ehrlich. Statuen von Kriegshelden finden sich in fast jeder größeren Stadt. Ohne den besonderen Hut würde sich kaum jemand für das Denkmal am Royal Exchange Square interessieren. – Aber mit Hut findet man Hinweise in jedem guten Reiseführer, und Bustouren durch Glasgow fahren extra daran vorbei und weisen auf ihn hin.

Vielleicht hatten die Hütchen-Aufsetzer ja auch einen besonderen Bezug zur Kunst, bedenkt man, dass der Duke unmittelbar vor der Gallery of Modern Art steht und durch die Verzierung selbst zum modernen Kunstwerk wird. Dadurch erhält das Denkmal eine Aufwertung und wird interessanter als derjenige, an den es ursprünglich erinnern soll. Der Lonely Planet's Guide nahm es 2011 in die Liste der zehn bizarrsten Monumente der Erde auf.

Vom Scherz zum Kultsymbol

Diese Geschichte verdeutlicht, wie aus einer Bier- oder Whiskylaune ein Wahrzeichen entstand und ein Teil der Identität der Stadt wurde. Ohne Zweifel zaubert es »a wee smile«, ein kleines Lächeln ins Gesicht, kommt man an der Gallery of Modern Art vorbei. Über die Jahre sind der Duke und sein Hut zu einer bekannten und vielfach fotografierten Attraktion geworden.

Diese Geschichte zeigt den frechen Humor der Glasgower. Sie machen gerne das, wozu sie Lust haben, auch wenn es skurril anmuten mag. Ich habe den Eindruck, je mehr die Stadtverwaltung wollte, dass die Glasgower damit aufhören, Wellington ein oder mehrere Hütchen aufzusetzen, desto mehr Gefallen haben sie daran gefunden. Einem echten Glaswegian zu sagen, was er tun oder lassen sollte, kann zu genau der entgegengesetzten Reaktion führen.

Zudem ist Wellington mit seinem Verkehrshütchen zum Wirtschaftsfaktor für die Stadt geworden. Was als Scherz gedacht war, ist zu einem festen Bestandteil des Tourismus und der Kultur Glasgows geworden. Irgendwann sind die Offiziellen der Stadt zu der Einsicht gekommen, dass der Duke mit seinem Hut für Glasgow von größerem Wert ist als »oben ohne«. Die Kosten der regelmäßigen Hütchen-Beseitigung stehen in keinem Verhältnis zum ideellen Wert. Seitdem hat der Duke mit Hut einen festen Platz in Glasgow. Bei den Glasgower Commonwealth Games 2014 war eine umjubelte Nachbildung der Statue Bestandteil der Eröffnungszeremonie, natürlich mit standesgemäßem Verkehrshütchen.

Jetzt trifft man Wellington in Glasgow nur noch mit Verkehrshütchen an. Sollte, aus welchem Grund auch immer, mal kein Verkehrshütchen auf seinem Kopf sein, dann kommt auch schon mal die Stadtverwaltung und setzt ihm eins auf.

Manchmal trägt der Duke auch mehrere »Hüte« gleichzeitig. Wenn sie übereinandergestapelt sind oder Copenhagens Haupt zieren und zur Gefahr für Passanten werden können, dann kommen auch heute noch die Mitarbeiter der Stadtverwaltung mit einem Hubwagen und nehmen sie ab – alle bis auf einen.

Von Glasgow zur Isle of Arran

Nachdem wir uns von Lord Wellington mit seinem rotweißen Verkehrshütchen verabschiedet haben, verlassen wir Glasgow in Richtung Westen und fahren über die Landstraße A 737 und die B 714 zur Küstenstadt Ardrossan in North Ayrshire. Von Ardrossan nehmen wir die Fähre und setzen nach Brodick auf der Insel Arran über. Die Fahrzeit beträgt knapp eine Stunde.

In der Regel sind die in Schottland eingesetzten Fähren mit kleinen, aber feinen Geschäften ausgestattet, die neben den weit verbreiteten typischen Souvenirs auch wahre Schätze für Schottlandinteressierte bereit halten. Für mich sind sie immer wahre Fundgruben für Literatur über die jeweilige Insel. Sobald die Fähre ablegt und die Geschäfte an Bord öffnen, schaue ich als Erstes dort vorbei, auf der Suche nach ausgefallenen oder seltenen Büchern, Geschichten und Bildbänden mit historischen Aufnahmen.

Danach empfehle ich, bei geeignetem Wetter den Außenbereich der Fähre aufzusuchen, um nach Delphinen und anderen Meeresbewohnern Ausschau zu halten, bis wir den Fähranleger von Brodick erreichen.

Schottland in Miniatur

Die Isle of Arran am Firth of Clyde wird auch als »Schottland in Miniatur« bezeichnet. Sie liegt zwischen der Halbinsel Kintyre im Westen und dem schottischen Festland im Osten, nicht weit von Glasgow entfernt. Beim Besuch von Arran können Sie Schottland kompakt auf etwa 32 mal 16 Kilometern erleben. Der Norden der Insel, so wird gesagt, sei vergleichbar den Highlands und der Süden entspreche den Lowlands. Grasland, schroffe Berge, typisch schottische Täler, Steinkreise (Marchie Moor Stone Circles), Whisky-Destillerien (Isle of Arran Distillery), im Sommer 2019 hat eine zweite Whisky-Destillerie in Laggs mit dem Ziel, einen rauchigen Whisky zu produzieren, (geplant sind um die 50 ppm) ihre Produktion aufgenommen. Whiskyliebhaber dürfen gespannt sein. Außer für den Whisky ist die Insel Arran auch für ihre Isle of Arran Ice Cream und für ihren Arran Cheese bekannt.

Malerische Küstenlandschaften, der Wikingereinfluss, zwei Castles (Brodrick Castle, Lochanza Castle, Ruine) machen Arran zu einer besonderen Insel. Auf dem 105 Kilometer langen Wanderweg, dem Arran Coastal Way, zeigt Arran auf kleinem Raum seine vielfältige, artenreiche Vegetation stellvertretend für ganz Schottland.

Arran ist bequem über zwei Fährverbindungen zu erreichen. Vom schottischen Festland verkehren die Fähren zwischen Ardrossan und Brodick sowie von der Halbinsel Kintyre, zwischen Claonaig und Lochanza.

Wee Story 7: Spurlos verschwunden

Nach dem Aufenthalt auf Arran wollte ich die Fähre von Lochanza nach Claonaig nehmen. Da die Fähre klein ist und nur relativ wenige Fahrzeuge pro Überfahrt aufnehmen kann, musste ich einmal einen Fährzyklus lang warten, bis ich an der Reihe war. Die Fähre fährt alle eineinviertel Stunden. Das gab mir die Gelegenheit, die nähere Umgebung des Fähranlegers bei einem Spaziergang ein wenig zu erkunden.

Die Bank

Unweit des Fähranlegers stieß ich auf eine Bank, wie man sie tausendfach überall findet – zweisitzig mit Lehne in solider Holzbauweise, wetterbeständig lackiert. Von ihr aus hat man einen guten Blick auf die Küste und die Bucht von Lochanza. Doch diese Bank ist einzigartig. Das ungewöhnliche und für uns interessante befindet sich direkt dahinter. Auf der Rückseite steht ein Gedenkstein aus Granit aus dem Jahr 1997. Er ist der Ausgangspunkt für die hier erzählte Geschichte.

Die wohl berühmteste Bank, auf der der Filmheld Forrest Gump (s)eine Geschichte erzählt, ist die an einer Bushaltestelle in Savannah im US-Bundesstaat Georgia. Forrest Gump, gespielt von Tom Hanks, erzählt

Menschen, die nacheinander neben ihm Platz nehmen, prägende Episoden aus seinem Leben. Unsere Bank hier in Lochanza hat zwar keine sechs Oscars eingebracht, sie hat aber – wie ich finde, mit Dramatik – auch eine Geschichte zu erzählen und diese handelt von menschlichen Schicksalen, einem geheimnisumwitterten Verschwinden, von einem U-Boot und seiner Besatzung im Zweiten Weltkrieg.

Das Boot

Gebaut wurde das U-Boot, um das es in dieser Geschichte geht, von Vickers Armstrong im englischen Barrow-in-Furness im Auftrag der britischen Royal Navy (Auftragserteilung Juli 1941, Kiellegung März 1942, Stapellauf November 1942). Die Indienststellung erfolgte am 20. Februar 1943 mit Zuteilung zur 3. U-Boot-Flottille der Royal Navy im schottischen Holy Loch. Das U-Boot war für den Kampf in der Nordsee und im Mittelmeer vorgesehen. Bewaffnet war es mit vier Torpedorohren im Bug und einem 3-Zoll-Geschütz an Deck. Die Besatzung bestand aus 37 Seeleuten und wurde von Leutnant James Bridger kommandiert.

V für Victory

Das U-Boot gehörte zur Baureihe der U-Klasse, und sollte dementsprechend einen Namen bekommen, der mit «U« beginnt; vorgesehen war »HMS Unbridled« (was so viel heißt wie »ungezügelt«). Auf direkten Befehl von Winston Churchill wurde das U-Boot jedoch in »HMS Vandal« (P64) umbenannt, da ein Name mit »V« für »Victory« (Sieg) mehr zur Steigerung der Kampfmoral beitrage, hieß es. Viele Seeleute glaubten allerdings, dass Umbenennungen Pech für Schiff und Besatzung zur Folge hätten. Sie sollten recht behalten. Die HMS Vandal ging in die Geschichte der Royal Navy als das Schiff mit der kürzesten Dienstzeit von nur vier Tagen ein. – Aber alles schön der Reihe nach…

Durch den Krieg stieg der Druck auf die britische Admiralität, möglichst viele U-Boote in den Kampf schicken zu können. U-Bootfahren war zu damaliger Zeit an sich schon ein gefährliches Unterfangen. U-Boote waren komplizierte Waffensysteme, die eine eingespielte Besatzung erforderlich machten. Entsprechend groß war der Zusammenhalt der U-Bootfahrer. Gleiches galt für die HMS Vandal. Das neue U-Boot und seine neue, zum Teil noch junge und unerfahrene Besatzung mussten schnell zusammenfinden.

Am 22. Februar 1941 verließ die HMS Vandal das Depot-Schiff HMS Forth für eine dreitägige Übungsfahrt in der Bucht von Kilbrannan. Der Kapitän und die Crew sollten sich und das Boot kennenlernen und verschiedene Übungsszenarien durchspielen. Eines davon war ein Tieftauchmanöver. Hierzu ankerte das U-Boot in der Nacht vom 23. zum 24. Februar 1943 vor Lochanza. Gegen 08:30 Uhr am Morgen des 24. Februar 1943 sah man, wie der Anker gelichtet wurde und die HMS Vandal Lochanza verließ und in den Kilbrannan Sound auslief. Das war das letzte Mal, dass man das U-Boot gesehen hatte. Was dann passierte, lässt sich nicht mehr genau herleiten.

Das Verschwinden

Der Höhepunkt des dreitägigen Übungsprogramms, das das U-Boot und seine Besatzung ausführen sollte, war ein Tieftauchtest, der gleichzeitig der gefährlichste Teil der Ausbildungsfahrt war. Der Kommandant war angewiesen, das Tieftauchmanöver nur durchzuführen, wenn er den Bootsrumpf für dicht und die Mannschaft für bereit hielt. Die HMS Vandal war an diesem Tag eines von sieben U-Booten, die in der Bucht operierten. Warum die ausbleibende Rückkehr des U-Boots bis Sonnenuntergang nicht gemeldet wurde, ist unklar. Wertvolle Zeit verstrich. Verspätet begann die Royal Navy nun mit der Suche nach der HMS Vandal zu Wasser und aus der Luft.

Ein Suchflugzeug meldete einen Ölfleck an einer Stelle, wo zu Beginn der Suche noch nichts zu sehen gewesen war. Die Meldung wurde allerdings ignoriert. Als mögliche Erklärung für den Ölfleck wurde im Nachgang genannt, dass Leutnant Bridger Öl aus dem Maschinenraum hatte ablassen lassen, um an der Oberfläche die Bootsposition zu markieren. Alternativ vermutete man, dass das U-Boot beim Aufschlag auf dem Meeresgrund beschädigt worden sei und deshalb Öl verloren habe. Wie dem auch sei, Jahrzehnte später sollte sich herausstellen, dass der damals gesehene Ölfleck ganz in der Nähe des gefundenen Wracks lag.

Am 27. Februar 1943 wurde die Suche nach dem U-Boot ergebnislos abgebrochen. Wie es den Angehörigen damit ergangen sein muss, nicht zu wissen, was mit den Männern der HMS Vandal geschehen ist, lässt sich kaum erahnen.

Theorien und Spekulationen

Bis zum Entdecken des Wracks kursierten zahlreiche Gerüchte und Theorien darüber, wie es zum tragischen Untergang der HMS Vandal gekommen sein konnte und warum es so lange dauerte, bis man das Wrack ortete. Eine Theorie ging von einem Defekt des Druckkörpers bei der Tieftauchübung aus. Andere vermuteten eine offene oder nicht korrekt geschlossene Luke beim Tauchen. Auch wilde Spekulationen über gezielte Sabotage kamen auf.

Eine Untersuchungskommission der Marine kam zu dem Ergebnis, dass das U-Boot möglicherweise beim geplanten Tieftauchversuch sank.

Am 30. Mai 1943, rund zwei Monate später, ging im Firth of Clyde unweit der Unglücksstelle der HMS Vandal das U-Boot HMS Untamed ebenfalls mit der gesamten Besatzung verloren. Es gehörte zur gleichen Baureihe und sank unter den Augen der Besatzung ihres Begleitschiffes, was die Spekulationen über Sabotage wieder anheizte.

Eine Ohrentzündung mit Folgen

Zur Besatzung der HMS Vandal gehörte auch der damals 22-jährige Matrose Larry Gaines. Sein Arbeitsplatz an Bord befand sich im Maschinenraum. Dieser befindet sich im hinteren Teil des U-Boots. Gaines war dafür zuständig, die dort befindliche hintere Ausstiegsluke bei Tauchgängen zu schließen und zu sichern. Doch dazu kam es nicht. Als die HMS Vandal auf ihre Erprobungsfahrt ging, war Gaines erkrankt und lag mit einer Ohrentzündung im Lazarett. Somit übernahm ein anderer seinen Job an Bord. Als Gaines vom Untergang des U-Boots hörte, fühlte er sich schuldig am Tod seiner Kameraden. Ein jüngerer Kamerad, der seinen Job zu übernehmen hatte, habe die Luke beim Abtauchen, so seine Einschätzung, wahrscheinlich aus Unerfahrenheit nicht richtig geschlossen, wodurch das Boot geflutet wurde und seine Kameraden ertranken. Eine simple, in kurzer Zeit auskurierte Ohrentzündung rettete ihn vor dem sicheren Tod. Zeit seines Lebens gab er sich die Schuld am Untergang des U-Boots.

All seine Ausrüstung, Kleidung und persönlichen Dinge befinden sich bis heute an Bord. Gaines jedoch fuhr nie mit dem U-Boot. Die Frage, ob die hintere Luke im Maschinenraum tatsächlich zum Untergang führte, wird uns später noch einmal beschäftigen.

Ein Wrack und sein Geheimnis

Nach 51 Jahren gab die HMS Vandal endlich das Geheimnis ihres Schicksals frei – zumindest zum Teil.

Im Sommer 1994 fand die HMS Hurworth das Wrack des U-Boots circa 1,5 Seemeilen nordwestlich von Lochanza in 100 Metern Tiefe, etwa dort, wo der erwähnte Ölfleck gesichtet worden war. Aufgrund der noch lesbaren Turmaufschrift P64 konnte das U-Boot eindeutig identifiziert werden. Der gezielten Suche nach dem Wrack waren Hinweise von lokalen Fischern vorausgegangen. Sie hatten erklärt, dass sich dort ein Hindernis auf dem Meeresgrund befinden müsse, das ihre Netze beschädige. In der Tat hatten sich Fischernetze im 3-Zoll-Deckgeschütz des U-Boots verfangen, wie man später feststellte.

2003 untersuchten Taucher im Auftrag der Royal Navy das Wrack genauer. Dabei stellten sie fest, dass die vordere Luke geöffnet war. Hinzu kam, dass die Taue an der Reling festgemacht und aufgerollt waren. Wenn das U-Boot auf Tauchstation gegangen wäre, hätte man sie vorher eingeholt. Ein Hinweis darauf, dass ein anderer Umstand für den Verlust von Boot und Mannschaft verantwortlich gewesen sein muss.

Eine andere Theorie rückte in den Fokus: Die Bucht wird von U-Booten oft für das Kalibrieren des Logs genutzt. Dafür legt das U-Boot auf dem Wasser eine durch zwei Messpunkte definierte Seemeile zurück, um zu prüfen ob die an Bord gemessene Distanz von der definierten abweicht. Die außen am U-Boot angebrachten Messgeräte machen dieses Manöver zu einem relativ gefährlichen Vorgang. Beim Reinholen des Logs ins Innere des U-Boots könnte es zu einem massiven Wassereinbruch gekommen sein. Die erwähnte HMS Untamed sank genau auf diese Weise drei Monate später.

Die vordere geöffnete Luke der HMS Vandal gehörte zum Torpedoraum. Heute geht man davon aus, dass Seeleute im vorderen Teil des U-Boots gefangen waren, als es zu sinken begann. Beim hektischen Versuch, sich zu retten, öffneten sie die Luke. Sollte der Kapitän noch versucht haben, durch Pressluft den Wassereinbruch in den Torpedoraum zu verhindern, war die Maßnahme wirkungslos.

Kommen wir nun zurück zur hinteren Luke im Maschinenraum. Die Taucher informierten den greisen Larry Gaines darüber, dass sie die hintere Luke des Maschinenraums geschlossen vorgefunden hatten. Somit war klar, dass mangelhaftes Verschließen nicht zum Untergang des U-Boots geführt haben konnte, wie Gaines all die Jahre befürchtet hatte.

Die Gedenkstätte

Im Jahr 1997 errichtete die HM Submarine Old Comrades Association am Fährterminal von Lochanza das Denkmal für die toten Seeleute auf der Rückseite der Bank. Seit dem Jahr 2006 ist das Wrack der HMS Vandal als war grave (Soldatengrab) geschützt. Taucher dürfen zum Wrack hinuntertauchen und es von außen betrachten, aber weder Bergungsarbeiten vornehmen, in das U-Boot hineintauchen noch Artefakte sammeln. Ob ein Teil der Besatzung den Untergang des U-Boots überlebt hat, bis der Sauerstoff aufgebraucht war, wird ungewiss bleiben.

Wenn Sie vielleicht irgendwann auch einmal am Pier von Lochanza stehen, auf die Fähre warten und die Bank sehen oder gar auf ihr Platz nehmen und auf die Bucht hinausschauen, dann kennen sie nicht nur die Geschichte hinter ihr. Bei der Fährüberfahrt wissen Sie nun auch, dass sich irgendwo unter Ihnen in 100 Metern Tiefe das Wrack der HMS Vandal mit ihrer Besatzung befindet und noch nicht alle seine Geheimnisse um den Untergang preisgegeben hat. – Und womöglich auch nicht mehr preisgeben wird…

Und Larry Gaines… der erhielt 2003 nach über 60 Jahren die Gewissheit, dass ihn keinerlei Schuld am Untergang der HMS Vandal trifft, für deren Untergang er sich so viele Jahre verantwortlich fühlte.

Von der Isle of Arran zur Isle of Islay

Wir nehmen nun die Fähre von Lochanza nach Claonaig auf die Halbinsel Kintyre mit der von Paul McCartney 1977 besungenen Mull of Kintyre. Auf der B 8001 fahren wir nach Kennacraig. Von Kennacraig aus verkehrt die Fähre zur Insel Islay, die auch als die »Königin der Hebriden« bezeichnet wird. Auf Islay können zwei Hafenstädte angesteuert werden: Im Süden der Insel Port Ellen und im Nordosten Port Askaig, gegenüber der Nachbarinsel Jura gelegen. Wir entscheiden uns für die Überfahrt-nach Port Ellen, deren Route an der felsigen Südküste entlangführt.

Auf Islay wurde seit jeher GROSSGESCHRIEBEN

Islay ist mit neun aktiven Destillen eine eigene Whiskyregion: Ardbeg, Ardnahoe, Bowmore, Bruichladdich, Bunnahabhain, Caol Ila, Kilchoman, Lagavulin und Laphroaig. Ihre Erzeugnisse zeichnen sich durch besonders rauchiges und torfiges Aroma aus. – Und Torf ist auf Islay reichlich vorhanden. Die Whisky-Industrie ist ein wichtiger Bestandteil der Insel-Wirtschaft.

Die Küsten-Destillerien (alle genannten bis auf Ardnahoe und Kilchoman, die im Landesinneren liegen) präsentieren ihre Namen seit eh und je und für jeden von weitem sichtbar in großen Lettern auf der See zugewandten Seite. Weil sie zum Teil eng beieinander liegen, war das in der Vergangenheit auch notwendig, damit Kohle, Fässer und Gerste an die richtige Adresse gelangen und Whiskys den richtigen Abnehmer finden konnten. Es hatte aber auch generell einen ganz praktischen Nutzen für die Navigation in Küstennähe. Heute ist die küstenseitige Beschriftung das Markenzeichen der jeweiligen Destillerie und beliebtes Fotomotiv für Besucher.

Wo ein Wee Dram ein Ausdruck für Gastfreundschaft ist

Whisky (Wasser des Lebens, gälisch: uisge beatha) wird in Schottland ohne »e« geschrieben. Irland und die USA gönnen sich das zusätzliche »e«. Rund 40.000 Menschen arbeiten in der schottischen Whiskyproduktion und tragen mit fünf Milliarden Pfund Umsatz pro Jahr einen erheblichen Anteil zur heimischen Wirtschaftskraft bei. Das beinhaltet den für den inländischen Konsum produzierten Whisky, den für den Export bestimmten Anteil, der rund eine Milliarde Pfund ausmacht, sowie der Anteil, der durch den Whisky-Tourismus entsteht.

Whisky-Destillerien erkennt man oft schon von Weitem an ihren charakteristischen Pagodendächern, die aus den Gebäudekomplexen herausragen. Derzeit produzieren über 120 Destillerien (Tendenz glücklicherweise wieder steigend) Whisky unterschiedlichen Charakters, viele haben angeschlossene Besucherzentren. Die Scotch Whisky Association (SWA) weist fünf Whisky-Regionen aus: Highlands. Lowlands, Islay, Campbeltown und Speyside, oftmals wird eine weitere genannt: Islands, sie wird von der SWA aber lediglich als Sub-Region der Highlands geführt.

Schottischer Whisky wird sehr vereinfacht formuliert aus vier Bestandteilen hergestellt: Gerste, Hefe, Wasser und einem guten Fass, in dem der Whisky reift und seinen besonderen Geschmack erhält. Mindestens drei Jahre und einen Tag muss das gemälzte, gemaischte, vergorene und dann gebrannte Destillat im Fass reifen, um sich in Schottland Whisky nennen zu dürfen. Oftmals bleibt der Whisky deutlich länger, 10, 12, 16 oder mehr Jahre im Fass. Mit mindestens 40 Prozent Alkohol muss der Whisky abgefüllt werden.

Doch ein Teil der Magie, die schottischen Whisky ausmacht, liegt darin, dass der heute gebrannte Whisky wegen seiner langen Lagerzeit eine Wette auf die Zukunft ist. Einerseits hoffen die Destillerien, dass der derzeitige Whisky-Boom auch dann noch anhält, wenn das in Fässern gelagerte Destillat zu wohlschmeckendem Whisky herangereift ist und in Flaschen abgefüllt vermarktet werden kann. Andererseits hofft man, dass die erlangte Qualität dann auch die geschmacklichen Erwartungen der Whisky-Community erfüllt.

Meinen ersten Kontakt mit schottischem Whisky hatte ich an einem schönen Sommerabend auf der Reise 2013 in einem urigen Pub in Stornoway auf den Äußeren Hebriden, das vornehmlich von Einheimischen besucht wird. Von da an war meine Neugier geweckt, die sich später zu einer Leidenschaft für das schottische Lebenswasser wandelte. Immer, wenn ich nach Stornoway komme oder etwas über diese Stadt lese, schweifen meine Gedanken gerne zu diesem magischen Moment mit dem ersten Glas schottischen Whiskys zurück.

Wie wahrscheinlich alle, die Whisky lieben, habe ich mit den weicheren schottischen Whiskys angefangen und um die torfigen und rauchigen abwartend bis naserümpfend einen Bogen gemacht. Mit der Zeit habe ich dann mein Whiskyrepertoire erweitert. Während einer Whiskyreise auf die Insel Islay habe ich mich erst den leicht bis moderat rauchigen von Bowmore und Kilchoman zugewandt und dann meine Liebe für die harten Brocken von Laphroaig, Lagavulin und Ardbeg entdeckt.

Die Menge des eingeschenkten Whiskys, eines »Wee Drams« (Glas Whisky), hängt von der Gastfreundlichkeit des Einschenkenden ab und kann Rückschlüsse auf die Sympathie zulassen. In der Regel sind die Whiskygläser in Schottland aber gut eingeschenkt. Die Schotten behaupten, dass die richtige Menge Whisky pro Tag unsterblich macht. Doch wieviel das ist, konnte mir auf meinen Reisen bislang keiner so richtig sagen. Dieser Frage werde ich wohl noch weiter nachgehen müssen.

Die Königin der Hebriden

Islay, an der Westküste Schottlands, ist Teil der südlichen Hebriden und wurde durch die letzte Eiszeitgeformt. Die Kraft des Atlantiks, der unaufhörlich auf die Westküste Islays einwirkt, tat hier zweifellos sein Übriges. So haben sich Loch Gruinart von Norden und Loch Indaal von Süden her tief in die Küstenlinie eingeschnitten. Relativ mildes Wetter und 200 Kilometer Küstenlinie machen Islay zu einem lohnenden Urlaubsziel. Auch Vogelliebhaber zieht es aufgrund der großen Artenvielfalt nach Islay.

Während des Mittelalters regierten die Mac Donalds, die den Titel »Lord of the Isles« trugen, von Islay aus die weitläufigen Hebrideninseln. Heute leben auf Islay circa 3.500 Menschen und 30.000 Schafe.

In der letzten Woche im Mai eines jeden Jahres erhöht sich die Anzahl der Menschen auf Islay schlagartig um ein Vielfaches. Denn dann ist wieder das Islay-Festival oder auch Fèis Ìle genannt und es dreht sich alles um Whisky und Musik. Unterkünfte sind dann Mangelware und gute Laune gibt es im Überfluss. Die Whisky-Destillerien bieten während der Festivalwoche Tage der offenen Tür mit Sonderabfüllungen an. Bei traditioneller Musik, Ceilidhs und Whisky-Tastings wird Islay zu einem wahren Publikumsmagneten. Bei so viel Whisky ist es irgendwie folgerichtig, dass die folgenden Islay-Geschichten auch alle in irgendeiner Weise mit Whisky zu tun haben.

In Port Ellen angekommen, ist es nicht mehr weit bis zur Laphroaig-Destillerie; keine zwei Meilen fahren wir an der Südküste Richtung Osten auf der A 846. Laphroaig füllt seine eigenwilligen Whiskys bevorzugt in grüne Flaschen ab, das ist ihr Markenzeichen. Besonders hervorzuheben ist der berühmte 10-jährige Single Malt. Er kann wegen seines extrem rauchigen, süßlich-medizinisch-phenolischen Aromas, mit einem Hauch von Seetang, durchaus mit einer Medizin verwechselt werden – was uns zu unserer nächsten Geschichte führt.

Islay begrüßt uns nun mit seiner beeindruckenden Küstenlinie, an der in kurzen Abständen gleich drei weiß getünchte Destillerien schon von weiter Ferne aus gut sichtbar sind: Ardbeg, Lagavulin und Laphroaig – und Laphroaig ist der Ort unserer nächsten Geschichte.

Wee Story 8: Laphroaig – Whisky oder Medizin?

Die Destillerie Laphroaig liegt an der Südküste von Islay in unmittelbarer Nachbarschaft von Lagavulin und Ardbeg. Alle drei Destillerien sind nur wenige Kilometer voneinander entfernt. Der Name Laphroaig steht für »breites Tal in der Bucht«. Laphroaig produziert einen eigenwilligen, stark rauchigen und torfigen Whisky. Entweder man liebt ihn oder man hasst ihn. Dazwischen findet sich oft kaum Platz für Kompromisse. Entweder wendet man sich erschrocken von diesem Whisky ab oder es ist der Beginn einer lebenslangen Freundschaft. Lange Zeit warb Laphroaig selbstironisch mit dem Slogan: »Your first glass may also be your last«.

Gegründet wurde Laphroaig im Jahr 1815 von den Brüdern Donald und Alexander Johnston. Im Jahr 1921 übernahm Ian Hunter die Destillerie und erweiterte die Produktionskapazitäten. Er begann damit, die Marke Laphroaig über die Grenzen Schottlands bekannt zu machen. Laphroaig wurde kurze Zeit später nach Europa, Lateinamerika, Kanada und selbst in die USA exportiert, die sich zu dieser Zeit in der Prohibition befanden. In den Jahren 1920 bis 1933 war es in den Vereinigten Staaten per Gesetz verboten, Alkohol herzustellen, zu transportieren und zu verkaufen. Die Bürger der Vereinigten Staaten sollten dadurch, so proklamierte es zumindest vehement die Enthaltsamkeitsbewegung, vor dem Laster des Trinkens geschützt werden und sich wieder einer grundsätzlich gesünderen Lebensweise zuwenden. Soweit die Theorie! – Das hatte in der Praxis zur Folge, dass Whisky illegal produziert und in sogenannten Flüsterkneipen getrunken wurde. Organisierte Verbrecherbanden erwirtschafteten mit dem verbotenen Elixier hohe Gewinne. Al Capone zählte zu den bekanntesten und mächtigsten Gangsterbossen seiner Zeit. Die Moonshine-Produktion (das Schwarzbrennen) von Whisky und anderen alkoholischen Getränken florierte. Schmuggler waren außerordentlich kreativ bei der Aufgabe, Alkohol unerkannt einzuführen und innerhalb des Landes zu transportieren. Es wurde gepanscht und gestreckt, um möglichst hohe Gewinne zu erzielen, auch auf Kosten der Gesundheit der Abnehmer.

Und in diese Gemengelage betrat nun die kleine schottische Destillerie Laphroaig der Insel Islay den abgeriegelten amerikanischen Markt, um ihren Whisky abzusetzen. Laphroaig schaffte es durch einen Trick, während der Prohibition als einzige Destillerie, Whisky legal in den USA verkaufen zu können.

For medical purpose only

Laphroaig wurde offiziell als Medizin deklariert: »for medical purpose only« (nur für medizinische Zwecke). Hunter behauptete, dass der Seetanggeruch des Laphroaig Single Malts auf Jod zurückzuführen sei. Angeblich hätten amerikanische Zollbeamte eine Flasche Laphroaig geöffnet und an der Flasche gerochen. Sie meinten daraufhin naserümpfend, dass kein alkoholisches Getränk solch einen jodartigen Geruch haben könne und sie es sich nicht vorstellen könnten, dass man diese Flüssigkeit freiwillig als Genussmittel zu sich nähme. Es könne sich folglich nur um Medizin handeln. Als die Zollbeamten den eigensinnigen Whisky probierten, sollen sie sich in ihrem Eindruck bestätigt gefühlt haben. Somit wurde der Whisky von Laphroaig als medizinisches Produkt eingestuft und konnte legal importiert und konsumiert werden. Verkauft wurde er gegen Vorlage eines ärztlichen Rezepts in der Apotheke. Wegen seiner hohen Qualität war dieser schottische Medizin-Whisky deutlich gesünder als der oftmals gepanschte illegale Whisky.

Hier habe ich mir die Frage gestellt, welche Dosierung der Whisky-Medizin wohl empfohlen wurde: einmal abends vor dem Zubettgehen? Oder besser gleich dreimal täglich nach den Mahlzeiten?

Friends of Laphroaig

Wenn Sie nun Laphroaig besuchen und Ihnen auf der Zufahrtsstraße zur Destillerie Gummistiefel tragende Menschen mit einer kleinen Flagge in der einen Hand und einem Zertifikat in der anderen Hand entgegenkommen und auf das gegenüberliegende Torfmoor zusteuern, stellen Sie sich sicher ein paar Fragen – hier finden Sie Antworten darauf:

Laphroaig bietet jedem Besucher die Möglichkeit, einen eigenen »Plot«, einen Quadratfuß Land am Kilbride Reservoir, dem genannten Torfmoor mit der wichtigsten Wasserquelle der Destillerie, zu erwerben; das Zertifikat kostet nichts und gilt ein Leben lang. Auf dem Zertifikat, welches man in der Destillerie direkt an bereitstehenden Computern ausfüllen und ausdrucken kann, stehen die Koordinaten des jeweiligen Plots. Nach Anmeldung kann man sich eine kleine Flagge seines Heimatlandes nehmen. Eine Auswahl von Gummistiefeln steht aus gutem Grund zur Ausleihe bereit. Sie können einen vor nassen Füßen bewahren, will man seine Flagge an den angegebenen Koordinaten in die Wiese stecken. Ich jedenfalls war sehr froh darüber, an dem Tag wasserfeste Schuhe getragen zu haben, da der Weg zu meinem Plot mich über sumpfiges Gras durch knöcheltiefes Wasser führte. Es war ein riesiger Spaß, all die anderen Leute mit ihrer Flagge über die Wiese laufen zu sehen. An meinem Plot angekommen, habe ich meine Flagge feierlich in die Wiese gesteckt und damit mein Stück Land in Schottland in Besitz genommen. In meiner Nachbarschaft stehen amerikanische und kanadische Flaggen.

Alternativ: wenn Sie es nicht abwarten können, auch Landbesitzer in Laphroaig zu werden, Laphroaig legt jeder Flasche, die Sie kaufen, ein kleines Heftchen bei. In diesem finden Sie eine individuelle Seriennummer, mit der Sie sich online ihren Quadratfuß Land lebenslang »sichern« können.

Von Laphroaig zur Destillerie Ardbeg

Wir verlassen Laphroaig und fahren die A 846 weiter Richtung Osten und gelangen nach einer guten Meile zur nächsten Destillerie Lagavulin. Lagavulin ist berühmt für ihren 16-jährigen Single Malt, hat aber auch einen 8-jährigen und eine Distiller-Edition im Angebot. Hier lohnt sich ein Halt, um ein Schokoladen- und Whiskytasting zu genießen, bevor wir auf der A 846 ein kurzes Stück zur Ardbeg-Destillerie weiterfahren, dem Ort unserer nächsten Geschichte, in der es sprichwörtlich so richtig rund gehen wird.

Wee Story 9: Corryvreckan Whirlpool – No Swimming

Die Ardbeg-Destillerie wurde 1815 von John Macdongall gegründet und kann auf eine wechselvolle Geschichte mit vielen Höhen und Tiefen zurückblicken. Ardbeg hat einen Whisky in »Fassstärke« (57,1 % Volumenalkohol) in seinem Sortiment, er heißt Corryvreckan. Ardbeg gibt zu dem Whisky folgende Hinweise: »Wirbelnde Aromen und Strömungen tiefen, torfigen und pfeffrigen Geschmacks lauern unter der Oberfläche dieses wunderschönen ausbalancierten Drams«. Auf der »alten« Schachtel (mittlerweile wird sie mit einem neuen Design verkauft) befindet sich ein für eine Whiskyflasche eher ungewöhnlicher Warnhinweis: No Swimming. Auf der Verpackung und dem Flaschenlabel sind zudem ein Strudel und ein Wikingerboot abgebildet. – Und diese besondere Abfüllung hat eine Geschichte zu erzählen.

Die Legende des Wikinger-Prinzen Breacan

Der Legende nach verliebte sich der Wikinger-Prinz Breacan in die Tochter des »Lord of the Isles«. Ihr Vater forderte Prinz Breacan heraus, seine Liebe zu seiner Tochter zu beweisen. Überlebte er drei Tage und drei Nächte in einem kleinen Boot im Corryvreckan Strudel, dann bekäme er die Hand seiner Tochter, das Königreich und alle seine Titel. So segelte der tapfere Prinz in den gefährlichen Strudel, und tat, wie ihm aufgetragen. Prinz Breacan hatte sich auf diese Prüfung vorbereitet und drei Seile dabei, mit denen er sein Boot sicher im Strudel verankern wollte, um nicht in die Tiefe hinab gezogen zu werden. Ein Seil mit Anker war aus Wolle, ein Seil aus Hanf und das dritte aus Haaren norwegischer Jungfrauen geflochten.

In der ersten Nacht schaukelte das kleine Boot wild in den Wellen, gehalten vom Seil aus Wolle, doch es riss. In der zweiten Nacht warf er den Anker mit dem Seil aus Hanf aus. Die See war in der zweiten Nacht noch wilder und auch dieses Seil riss. So blieb ihm für die dritte Nacht nur noch das Seil aus Jungfrauenhaar, um sich vor dem Untergang und dem sicheren Tod zu schützen. Die See war nochmals wilder als in den beiden Nächten zuvor. So warf er den Anker an dem Seil über Bord und wartete auf den Sonnenaufgang und hatte damit das Ende der Prüfung vor Augen. Doch einer der Stränge, aus denen das Seil bestand, war geschwächt und schon löste sich eine Faser nach der anderen, bis es nur noch an einem winzigen Strang hing. Es kam wie es kommen musste, auch das dritte und letzte Seil riss. Es war der enormen Kraft des Strudels nicht gewachsen. Der Gewalt der Natur nun schutzlos ausgeliefert, trieb der tapfere Prinz hilflos im Strudel, ging unter und ertrank.

Schnell machte die Kunde vom Tod des Wikingerprinzen die Runde. Als die Nachricht seine norwegische Heimat erreichte, gab eine der Frauen, die ihr Haar für das dritte Seil gespendet hatte, schließlich kleinlaut zu, zum Zeitpunkt ihrer Haarspende nicht ganz korrekte Angaben bezüglich ihrer Jungfräulichkeit gemacht zu haben.

Soll es das nun gewesen sein? – Nicht ganz. Die alte Göttin Cailleach Bheare, die den Corryvreckan Strudel bewacht, entschied sich, dem Prinzen das Leben zu schenken und nahm ihn mit sich in ihre Unterwasserhöhle. Dort schläft nun der Wikinger-Prinz in Dunkelheit und Stille. Eines Tages, wenn die Zeit reif ist, will sie ihn zurück in unsere Welt schicken. Wann das sein und wie der Prinz aussehen wird, ist nicht überliefert. Wir dürfen gespannt sein…

Der Corryvreckan Whirlpool

Wir gehen nun der Frage nach, warum eine Fahrt durch den Golf von Corryvreckan so gefährlich ist. Corryvreckan ist der weltweit drittgrößte Meeresstrudel. Der Gezeitenstrom, genannt »The Great Race« befindet sich an der Nordspitze der Insel Jura in der Meeresenge zwischen Jura und der Nachbarinsel Scarba und wird durch die topographischen Gegebenheiten des Untergrundes hervorgerufen. Ozeanographen der Scottish Association for Marine Science haben den Meeresgrund hier im Jahr 2012 kartographiert. Sie waren überrascht, keinen spitzen Felsen vorzufinden, der ein solches Phänomen normalerweise verursacht.

Die Gezeitenströme in der engen Straße von Corryvreckan verlaufen in einer in west-östlich ausgerichteten bis zu 200 Meter tiefen Rinne, in die von der Insel Scarba aus ein steil abfallender Felsvorsprung hineinragt. Die mit großer Geschwindigkeit ein- und ausströmenden Wassermassen treffen mit hohem Druck darauf und werden in ihrem Fluß so stark gestört und aufgewühlt, dass ein starker Strudel und hohe Wellen entstehen, deren lautes Getöse meilenweit zu hören ist. Der Golf von Corryvreckan gilt in der Seefahrt als schwer zu befahren. In Seekarten heißt es warnend »Dangerous tidal streams«.

Berühmtes Opfer des Strudels

Fast hätte der Strudel Mitte des 20. Jahrhunderts ein prominentes Opfer gefordert, mit unmittelbaren Auswirkungen auf die Weltliteratur. Im Jahr 1947 zog der Schriftsteller George Orwell auf die Insel Jura und lebte abgeschieden in einem Farmhaus, in dem er sein Werk »1984« beendete.

Im Sommer 1947 machte er mit seinem Sohn, seiner Nichte und seinen Neffen einen Ausflug mit einem Motorboot und fuhr in den Golf von Corryvreckan hinaus. Orwell hatte aber die Fluttabelle falsch abgelesen, und so gerieten sie in den Strudel. Als der Außenbordmotor seinen Dienst versagte, nahm das Drama seinen Lauf. Sie gingen über Bord. Rettungswesten trug keiner von ihnen. Sie sollen von aufmerksamen Fischern gerettet worden sein. Ohne die Rettung hätte es »1984« womöglich nicht gegeben. Mit »1984«, einer utopischen düsteren Zukunftsvision über einen totalitär regierten Staat, wurde Orwell weltberühmt.

Wie diese Geschichte zeigt, kann es nicht schaden, sich auch die Verpackungen schottischer Whiskyflaschen genauer anzuschauen. Sie kann, wie hier beim Corryvreckan von Ardbeg geschehen, sogar lebensrettend sein.

Von Ardbeg nach Bowmore

Um die nächste Geschichte zu erzählen, fahren wir von Laphroaig nach Bowmore. Zunächst geht es das kurze Stück zurück nach Port Ellen, dann biegen wir, weiterhin auf der holprigen Landstraße A 846, Richtung Norden ab. Weitläufige Wiesen und Moore prägen hier das Landschaftsbild. Nach einigen Meilen passieren wir den Flugplatz der Insel, dann erreichen wir Bowmore, ihre Hauptstadt.

Wee Story 10: Bowmore – Der Teufel und die runde Kirche

Die Destillerie Bowmore hat einen Whisky in ihrem Sortiment, der Devils Cask, »Teufelsfass«, genannt wird. Wie es zu dieser besonderen Abfüllung kam, erzählt uns die folgende Geschichte.

Der Legende nach suchte einmal der Teufel die Bewohner von Bowmore auf. Während einer Messe kam er in die Kirche. Die Kilarrow Parish Church gehört zur presbyterianischen Church of Scotland. Vielleicht dachte er, dass er dort leicht ein paar gutgläubige Seelen ergattern könne. Da das Kirchengebäude aus dem Jahr 1767 rund gebaut worden war, fand er jedoch keine Ecke, in der er sich verstecken konnte. Aufmerksame Kirchgänger erkannten ihn und setzten ihm umgehend zu. Von der Übermacht der resoluten Bürger beeindruckt, suchte er das Weite. Die Kirche steht erhöht in prominenter Lage am Kopf der Main Street von Bowmore. Der Teufel stürzte also die Stufen der Kirche herunter auf die Hauptstraße und rannte die von kleinen Häusern und Läden gesäumte Straße hinunter Richtung Hafen am Loch Indaal, die aufgebrachte Kirchengemeinde bedrohlich näherkommend hinterher. Kurz vor dem Hafen musste er sich entscheiden: links oder rechts. Da sah er auf der linken Seite den weiß getünchten Gebäudekomplex der Bowmore-Destillerie. Umgehend bog er am Ende der Straße links ab, rannte durch das offene Tor und verschwand schnurstracks in der Destillerie. Als die Bewohner die Gebäude der Destillerie durchsuchten, war der Teufel allerdings wie vom Erdboden verschluckt.

Zu der Zeit wurde gerade Whisky in Fässer abgefüllt. Der Teufel soll sich in seiner Not unbemerkt in eines der Fässer geschlichen und dort versteckt haben. Die befüllten Fässer wurden anschließend auf das Dampfschiff »The Maid of Islay« verladen und zum Festland verschifft. Im Whiskyfass soll der Teufel unerkannt die Insel verlassen haben. In Bowmore hat man ihn seither nicht mehr gesehen. Die Bowmore-Destillerie hat in Erinnerung daran bisher drei limitierte Devils-Cask-Abfüllungen produziert. Die dritte Abfüllung steht unter dem Motto »Double the Devil« und bezieht sich darauf, dass der Single Malt in zwei verschiedenen Fassarten, einem Oloroso und einem Pedro Ximenez, gereift ist.

Von Bowmore zur Destillerie Bruichladdich

Nachdem der Teufel verjagt ist, verlassen wir Bowmore Richtung Norden und umrunden Loch Indaal auf der A 847 an der Küste, bis wir das Tor der Destillerie Bruichladdich erreichen. Sie wurde im Jahr 1881 von den drei Brüdern Robert, John und William Harvey gegründet. Bis zum Jahr 2000 durchlebte Bruichladdich eine bewegte Geschichte, bis sie von Mark Reynier gekauft wurde. Mit der Unterstützung lokaler Investoren lebte die Destillerie wieder auf – auch dank zahlreicher Sonderabfüllungen. Zwei davon entstanden im Zuge bemerkenswerter Ereignisse jüngeren Datums und die haben unsere nächsten beiden Geschichten zu erzählen.

Wee Story 11: Whisky als Massenvernichtungswaffe

Wie eine schottische Whisky-Destillerie ins Fadenkreuz amerikanischer Sicherheitsbehörden geriet und als mögliche Gefahr für den Weltfrieden deklariert wurde, erzählt unsere erste der beiden Geschichten über Bruichladdich.

Wir begeben uns ins Jahr 2003. Die USA befinden sich nach den Anschlägen des 11. Septembers 2001 auf das World Trade Center und das Pentagon im sogenannten »Krieg gegen den Terror«. Mit geschärftem Blick werden mögliche Gefahren weltweit kritisch beäugt und so geschah es, dass eine schottische Whisky-Destillerie in den Fokus der »US Defence Threat Reduction Agency« (DTRA) geriet. Zum besseren Verständnis sei vorangestellt: Die Aufgabe der US Defence Threat Reduction Agency ist es, für die Sicherheit der USA und ihrer Alliierten vor der Bedrohung durch Massenvernichtungswaffen aller Art (atomare, biologische und chemische-Waffen) zu sorgen.

So, und nun zur Geschichte: Alles begann mit dem Ausfall einer

Web-Cam, mit der man über das Internet bequem die gesamte Whisky-Produktion bei Bruichladdich verfolgen konnte. Eigentlich ein eher unbedeutender Vorgang, bedauerlich für Whisky-Liebhaber. Aber für die Sicherheit der USA war es anscheinend von entscheidender Bedeutung, jederzeit sehen zu können, was auf der abgelegenen Insel Islay möglicherweise im Geheimen vor sich ging.

Kurz nach dem Ausfall der Web-Cam erhielt der Destillerie-Manager Mark Reynier eine E-Mail von einer gewissen »Ursula«, die ihm mitteilte, dass eine seiner Web-Cams ausgefallen sei und ihn bat, die defekte Web-Cam doch umgehend reparieren zu lassen. Als Reynier den Absender der E-Mail sah, glaubte er zunächst an einen Scherz: das US-Verteidigungsministerium. Es stellte sich auf Nachfrage von Reynier heraus, dass amerikanische Sicherheitsbehörden bewusst und mit vollem Ernst den Brennvorgang in der Destillerie von Amerika aus überwachten, wie ein DTRA-Sprecher auf Nachfrage bestätigte. Als Begründung wurde angeführt, dass sich die in die Jahre gekommene Brennerei durch einige wenige Veränderungen schwuppdiwupp in eine Produktionsstätte für chemische Waffen umwandeln ließe – und darauf müsse man ein Auge haben. Denn das Herstellungsverfahren von Whisky sei dem Produktionsverfahren von Massenvernichtungswaffen (WMD = Weapons of Mass Destruction) durchaus ähnlich.

Nachdem der »Vorfall« bekannt geworden war, beeilte sich ein DTRA-Sprecher zu betonen, dass man nicht annimmt, dass Bruchiladdich eine Bedrohung für den Weltfrieden darstelle und gab »Entwarnung«: »I am fairly certain that monitoring Scottish distilleries and checking webcams from time to time is not high on our list of missions.«[4] Reynier ließ die Web-Cam reparieren und beschloss, den Vorgang für die Destillerie öffentlichkeitswirksam zu nutzen. Er füllte einen 18-jährigen Whisky ab, nannte ihn WMD und versah die 440 Flaschen mit einem entsprechenden Label. WMD steht hier aber nicht für die bereits erwähnten »Weapons of Mass Destruction«, sondern für »Whisky of Mass Distinction«.

4 The Scotsman: Whisky of Mass Destruction – how the US spied on a tiny island distillery, in The Scotsman, 27.09.2003, https://www.scotsman.com/news/whisky-mass-destruction-how-us-spied-tiny-island-distillery-2481044, [eingesehen am 13.04.2018].

Der Folksänger Robin Laing hat den »Vorfall« im Jahr 2007 mit dem Lied »We can't let Al Qaeda get their hands on this« im Album »One for the Roads« augenzwinkernd verarbeitet. In der ersten Strophe des Liedes heißt es:

There's a secret installation on the western seas
Cunningly disguised among the Hebrides
It might seem innocent to those who are naive
But this could bring a super power to its knees.

Wee Story 12: Das »Yellow Submarine« von Islay – Lost & Found

Die zweite Geschichte im Zusammenhang mit Bruichladdich beginnt an Bord des Fischerboots Harvester von John Baker. Der Fischer aus Port Ellen fuhr im Juni 2005 wie immer mit seinem Boot aufs Meer hinaus, um seine Hummerkörbe zu kontrollieren. Während er etwa drei Meilen von der Mull of Oa entfernt seine Hummerkörbe an Bord hievte und erwartungsvoll den Inhalt prüfte, sah er ein gelbes Objekt in den Wellen treiben. Von der Neugier gepackt, fuhr er mit seinem Boot näher heran und vermutete, dass es sich dabei wohl um eine sich losgerissene Warntonne für Schiffe oder eine verloren gegangene Öl-Tonne handele. Statt der vermuteten Tonne fand Baker ein über zwei Meter langes gelbes Mini-U-Boot. Überrascht beschloss er, den unkontrolliert treibenden Tauchkörper zu bergen und schleppte ihn an einem Tau mit in den Hafen. Der rotweiße Warnhinweis »DO NOT TOUCH« dürfte ihm dabei ebenso wenig entgangen sein, wie die Aufschrift »CONTACT POLICE / NAVY«.

Im Hafenbecken angekommen half ihm Gordon Currie mit einem Kran das gelbe Mini-U-Boot an Land zu schaffen, da sein Fischerboot über keinen ausreichend starken Kran verfügte.

Dann beschloss Baker, unverzüglich die Royal Navy zu informieren. Schließlich trug das Gefährt den Schriftzug »MoD« und der steht für Ministry of Defence (Verteidigungsministerium), sowie eine Telefonnummer. Gesagt getan. Baker griff zum Telefonhörer, wählte die auf dem U-Boot angebrachte Telefonnummer. Als sich am anderen Ende der Leitung nach ein paar Freizeichen die Royal Navy meldete, sagte Baker, dass er ein »gelbes U-Boot« gefunden habe. Doch auf der Faslane Naval Base reagierte man anders als erwartet. Man leugnete vehement den Verlust und teilte mit, dass man kein »gelbes U-Boot« vermisse. Vielleicht dachte man auch bei der Navy, dass sich Baker hier ein Scherz erlaube. Damit war das Gespräch von Seiten der Navy schnell beendet, löste aber nicht das gelbe am Haken hängende Problem von Baker und Currie.

Nach kurzem Überlegen, wo man denn ein solch wertvoll aussehendes Fundstück sicher aufbewahren könne, kam ihnen die rettende Idee. Man entschied sich für den Garten des guten Fischerkollegen Harold Hastie. Sicher auf einen LKW verladen, fuhren die beiden zu Hastie und luden ihr nicht von der Navy vermisstes gelbes U-Boot in besagtem Garten ab. Von nun an wurde das Privatgrundstück zu einer gut besuchten Touristenattraktion in Port Ellen. Einen nicht unerheblichen Anteil daran dürfte die örtliche Presse gehabt haben, die im Rahmen ihrer Berichterstattung augenzwinkernd fragte: »Has anybody lost a yellow submarine?«

Die Zeit verging – die Verwirrung war groß! Nach mehreren Tagen meldete sich etwas kleinlaut die Royal Navy und gab doch zu, etwas verloren zu haben. Vielleicht trug ja auch die Presseberichterstattung dazu bei. Der Minensucher HMS Penzance hatte bei einer Minensuchübung ein fernlenkbares Minensuchgerät in Form eines gelben Mini-U-Boots verloren. Es wiegt 850 kg und hat einen geschätzten Wert von 500.000 Pfund Sterling.

Es dauerte dann allerdings drei Monate bis die Marine am 8. September 2005 den Minensucher HMS Blyth nach Islay schickte, um das verloren gegangene gelbe Minensuchgerät abzuholen. Warum auch die Eile, dachte ich mir, als ich von dieser Geschichte hörte, stand doch das High-Tech Equipment der Marine wohlbehütet im Garten eines Fischers auf Islay. Wir sind hier ja schließlich in Schottland. Da kommt nichts weg…

In der Bruichladdich-Destillerie reagierte man erheblich schneller – mit einer sowohl geschäftstüchtigen, als auch typisch schottischen Aktion. Der Geschäftsführer der Bruichladdich-Destillerie hatte eine originelle Idee, wie man den Zufallsfund öffentlichkeitswirksam nutzbar machen könnte. Man reagierte (wieder) mit einer Sonderabfüllung. Bruichladdich füllte einen 14-jährigen Whisky ab und versah das Flaschenetikett mit dem »gelben U-Boot« und nannte die Abfüllung Bruichladdich WMD II Yellow Submarine 1991. WMD steht auch hier nicht für »Weapon of Massdistruction«, sondern, wie bereits in der vorherigen Geschichte, für »Whisky of Mass Distinction«. Die Flasche verpackte Bruichladdich in einer gelben Dose, die die Abbildung des U-Boots trug. Eine gut sichtbare rote Markierung mit der Aufschrift »DO NOT TOUCH«, fällt einem bei der Betrachtung schnell ins Auge, wie sie auch auf dem gelben »Original-U-Boot« zu finden ist. Die 12.000 Flaschen umfassende Sonderabfüllung erfreute sich über die nächsten Jahre bei Bruichladdich-Sammlern großer Beliebtheit. Schließlich erzählt jede dieser Flaschen auf typisch schottische Art die Geschichte des Yellow Submarine.

Die Besatzung der HMS Blythe erhielt beim Abholen des gelben Minensuchgeräts eine Kiste Whisky mit sechs Flaschen der speziellen Yellow-Submarine-Abfüllung geschenkt. Ob sich die Besatzung der HMS Penzance nicht traute, ihr verlorengegangenes Minensuchgerät selbst abzuholen oder, ob es aus technischen Gründen einfacher war, die HMS Blyth zu schicken, konnte ich bislang nicht in Erfahrung bringen.

Doch damit ist die Geschichte noch nicht ganz zu Ende...

Im Jahr 2016 entschied die Royal Navy, das Minensuchgerät außer Dienst zu stellen und zum Kauf bei eBay anzubieten. Als die Bruichladdich-Destillerie davon erfuhr, beschloss sie sofort, das Yellow Submarine zu kaufen. Es wäre ja auch irgendwie schade gewesen, wenn ein anderer zugeschlagen hätte.

Nach dem Erwerb ließ man es auf der Portnahaven Bootswerft auf Islay instand setzen und präsentierte es beim Islay Festival 2016 auf dem Destillerie-Gelände – oder besser gesagt, hob es unter dem Jubel der anwesenden Menge an einem Kran in die Höhe.

Auf wundersame Weise fand man in der Destilliere noch etwas von dem damaligen Original-Whisky von 1991 im Fass, mit dem die Sonderabfüllung hergestellt worden war. Die Whiskymenge, nun 25 Jahre alt, reichte noch für das Abfüllen von zwei Flaschen. Sie wurden versteigert und brachten ca. 3.000 Pfund ein, die dem Islay & Jura Sick Children's Fund gestiftet wurden.

Wenn Sie mal auf der Insel Islay in der Destillerie Bruichladdich vorbeischauen und verwundert das gelbe Mini-U-Boot vor einem der Lagerhäuser stehen sehen, kennen Sie nun bereits die Geschichte dazu. Vielleicht bekommt der Beatle-Song »We all live in a yellow submarine…« für Sie dann eine neue Bedeutung.

Von der Insel Islay über Oban nach Eriskay auf den Äußeren Hebriden

Unser Weg führt uns nun auf die Äußeren Hebriden. Die Äußeren Hebriden sind eine bogenförmige, langestreckte Inselkette, die sich 208 Kilometer weit von Norden nach Süden vor der Westküste Schottlands erstreckt. Der nördlichste Punkt ist der »Butt of Lewis«, der südlichste der »Barra Head«.

Wir interessieren uns hier besonders für die kleine, auf den ersten Blick unscheinbare Insel Eriskay. Wir können sie auf zwei Arten erreichen: einmal ganz klassisch mit der Fähre. Dazu verlassen wir die Insel Islay über Port Askaig und fahren über die Insel Colonsay direkt nach Oban. Von Oban können wir die Fähre nach Lochboisdale auf South Uist nehmen. Dann geht es mit dem Auto weiter. Über den Straßendamm erreichen wir Eriskay. Alternativ können wir auch mit dem Flugzeug von Glasgow nach Barra fliegen. Der Flugplatz von Barra ist auch für schottische Verhältnisse besonders. Er verfügt über ein von Standardflughäfen abweichendes, aber nicht unerhebliches Detail. Barra Airport ist nämlich der einzige Flugplatz mit einem vom Lauf des Mondes bestimmten Flugplan, denn die Start- und Landebahn bildet der Sandstrand von Barra. Eine betonierte Start- und Landebahn, die das klassische Bild eines Flugplatzes prägen, sucht man hier vergeblich. Die Landebahn versinkt gezeitenbedingt regelmäßig im Meer. Von Barra können wir die Fähre nach Eriskay nehmen.

Auf Eriskay findet man noch eine seltene, uralte Pferderasse, die auf der Roten Liste des britischen Rare Breeds Survival Trust steht. Die kleinen, zwischen 124 und 138 Zentimeter »großen«, gutmütigen Eriskay-Ponys haben ein den rauen Witterungsbedingungen gut angepasstes wasserabweisendes Fell. Von hier, so sagen Geschichten, seien die Tiere von den Wikingern mit nach Island genommen worden, als sie begannen, die Insel hoch im Norden zu besiedeln.

Was macht Eriskay für uns derart interessant? Zwei Ereignisse lassen sich mit Eriskay verbinden: Am 23. Juli des Jahres 1745 betrat Prince Charles Edward Stuart, genannt »Bonnie Prince Charlie«, auf Eriskay erstmals schottischen Boden. Heute wird der Strand Prince's Beach genannt. Er kam mit dem Schiff aus Frankreich mit einer Handvoll Begleiter und setzte alsbald seine Fahrt fort. Er landete danach in Glenfinnan in den Highlands, um dort den zweiten Jakobitenaufstand anzuführen, der in der Schlacht von Culloden am 16. April 1746 ihren Höhepunkt und auch sein Ende fand.

Der Jakobitenaufstand, die Schlacht von Culloden und ihre Folgen werden uns in einer späteren Geschichte nochmals begegnen. Unsere jetzt folgende Geschichte spielt fast 200 Jahre später, im Jahr 1941.

Wee Story 13: Whisky Galore – Wie eine Havarie eine ganze Insel in Rausch versetzte

Schiffsunglücke enden oftmals tragisch. Man denke da nur an den Untergang der Titanic. Das Schiffsunglück dieser Geschichte kostete hingegen kein einziges Menschenleben. Es rief sogar Glücksgefühle bei den Bewohnern der kleinen Hebrideninsel Eriskay hervor und verursachte über längere Zeit zahlreiche Kater.

Wir gehen zurück in die Zeit des Zweiten Weltkriegs. Großbritanniens Überleben hing unter anderem davon ab, dass Geleitzüge Waren des täglichen Bedarfs und vor allem Rüstungsgüter aus den USA lieferten. Die »SS Politician« war einer dieser Frachter mit fast 140 Metern Länge und rund 8.000 Bruttoregistertonnen. Er war auf einer Route unterwegs, die von Großbritannien nach Kingston (Jamaika) und dann nach New Orleans führte. Das Schiff wurde mit Waren beladen, die für die USA bestimmt waren. Damit sollten für die Kriegsführung wichtige Devisen beschafft werden. So lief die »SS Politician« aus dem englischen Hafen von Liverpool aus, um sich für die gefährliche Fahrt über den Nordatlantik einem von Kriegsschiffen geschützten Geleitzug anzuschließen, denn zur damaligen Zeit stellten deutsche U-Boote eine tödliche Gefahr für alliierte Frachter dar.

Die »SS Politician« geriet auf dem Weg zum Sammelpunkt des Geleitzugs in einen schweren Sturm und lief am 5. Februar 1941 im Sound of Eriskay auf Grund. Das Schiff schlug Leck. Wasser strömte in den Maschinenraum und Teile des Laderaums. Die Besatzung beschloss, das manövrierunfähige Schiff aufzugeben und rettete sich unverletzt mit Booten auf die kleine Insel Eriskay. Eriskay liegt im südlichen Teil der Inselkette der Äußeren Hebriden zwischen den Inseln South Uist und Barra. Soweit die Ausgangslage. Erstmal nichts Besonderes: Das Schiff ist Schrott, aber die Mannschaft lebt.

Sicher an Land kamen die Seeleute mit den Inselbewohnern schnell ins Gespräch. Auch über die Ladung des Schiffes unterhielt man sich. Dabei erfuhren die Bewohner, dass das Schiff Autos, Fahrräder, Möbel, Seide, Baumwolle, Schuhe, Tabak, frisch gedruckte Geldscheine für Jamaika und last but not least 264.000 Flaschen schottischen Whisky, verpackt in 28.000 Kisten, an Bord hatte!!! Diese Nachricht, besonders der letzte Teil, versetzte den einen oder anderen Inselbewohner umgehend in helle Aufregung. Ein ganzes Schiff voller Whisky! Und es liegt zum Greifen nah, quasi wie auf dem Präsentierteller, vor ihrer Insel.

Nächtliche Aktivitäten

Wie erwähnt, wir befinden uns mitten im Zweiten Weltkrieg. Das bedeutet auch, dass Lebensmittel und die Dinge des täglichen Bedarfs rationiert waren. Gerade das Rationieren von Whisky muss für die Schotten besonders »schmerzhaft« gewesen sein. Die Bestände des einzigen örtlichen Pubs waren zu diesem Zeitpunkt bereits leer getrunken. Whisky, das »Wasser des Lebens«, wurde für die circa 400 Einwohner von Eriskay somit zu einem sehr wertvollen Gut.

Umgehend begannen die Bewohner von Eriskay, hauptsächlich Fischer, mit ihren kleinen Booten zum Wrack zu rudern, um die Ladung zu »retten« oder sollte man besser sagen, zu »plündern«. Wohlgemerkt bezogen sich die nun einsetzenden, nächtlichen Aktivitäten fast ausschließlich auf den Whisky. Die Bewohner von Eriskay bargen in den folgenden Tagen und Wochen so viele Flaschen Whisky, wie sie in ihre kleinen Boote hineinbekamen. Später gesellten sich Boote umliegender Inseln hinzu, da sich die Nachricht von der besonderen Ladung schnell verbreitete.

Mit den anderen Waren, wie Autos oder Fahrrädern konnte man auf der kleinen, nur sieben Quadratkilometer umfassenden Insel nichts anfangen, schließlich gab es keine richtigen Straßen. Auch das große Piano passte in keines der kleinen Häuser. Unrechtsbewusstsein kam im aufsteigenden Whisky-Dunst gar nicht erst auf. Die Bewohner von Eriskay dürften bei derartigen Mengen an Whisky eine lustige Zeit gehabt haben, Kater und Kopfschmerzen inklusive.

Es dauerte nicht lange bis die Zollbehörden davon erfuhren. Der Whisky war für den amerikanischen Markt bestimmt. Somit war kein einziger Dram Whisky verzollt worden (ein Dram ist ein traditionelles schottisches Maß für ein Glas Whisky). Zollbeamte wurden nach Eriskay geschickt. Die Zöllner, unter Führung von Charles McColl, kamen zu einer völlig anderen Bewertung der Lage als die Bevölkerung – wer hätte das gedacht? Sie bezeichneten die Plünderungen als Diebstahl, der geahndet werden müsse und stellten die ganze Insel wochenlang auf den Kopf. Die Einwohner versteckten die Flaschen daher massenweise an geheimen Plätzen selbst im Moor wurden Whiskykisten versenkt. Manche tranken den Whisky schnell aus, um die »Beweise« zu vernichten.

Die unverhoffte Flut von Whisky hatte aber auch ihre Schattenseiten. Dem zügellosen Whiskygenuss über längere Zeit hinweg folgten zahlreiche soziale Probleme. Einige Crofter (so nennt man Landwirte, die gepachtetes Land bewirtschaften) ließen ihre Gehöfte verkommen. Nicht wenige von ihnen hatten bald ein ernstes Alkoholproblem.

Die Strafen für erwischte Whiskydiebe waren verhältnismäßig gering. Das Gericht verurteilte eine Gruppe von Männern von der Insel Barra lediglich zu einer Geldstrafe in Höhe von drei bis fünf Pfund. Was natürlich gar nicht im Sinne des obersten Zöllners McColl war. Er tobte. Die örtliche Polizei, die hauptsächlich aus Einheimischen bestand, war nicht sonderlich erpicht, die aufwendige Suche nach den Whiskydieben mit großer Intensität zu betreiben. Schließlich hätten die Einwohner keine derart schlimme Straftat begangen. Doch McColl ließ nicht nach. So kam es, dass doch einige Whiskydiebe für mehrere Wochen in den Gefängnissen von Inverness oder Peterhead eingesperrt wurden.

Mit Sprengstoff gegen Whisky

McColl stellte fest, dass etwa 24.000 Flaschen Whisky, entsprechend 8.500 Kisten, aus dem Schiff verschwunden waren. Einem herbeigerufenen Bergungsunternehmen gelang es, weitere 13.500 Kisten zu bergen. Überlegungen, das Schiff einfach an Ort und Stelle zu belassen, wurden von staatlicher Seite schnell verworfen. Eine Plünderung des Schiffes bis zur letzten Flasche hätte nicht dauerhaftverhindert werden können. Somit entschloss man sich zu einer drastischen Maßnahme. Im Oktober 1941 wurde das Wrack gesprengt, sehr zum Missfallen der Inselbewohner. Seither liegt es nur fünf Meter unter der Wasseroberfläche.

Man erzählt sich auf Eriskay, dass seitdem immer mal wieder einzelne Whisky-Flaschen aus dem Wrack am Strand angespült würden. Auch an Land versteckte und über die Zeit vergessene Flaschen würden noch auftauchen. Ein Großteil der Ladung wurde offiziell nie geborgen.

Im Jahr 1987 tauchte Donald MacPhee von der Insel South Uist zum Wrack. Es gelang ihm acht Flaschen des Whiskys zu bergen, die bei Christie's für 4.000 Pfund versteigert wurden. Ein Jahr später wurde auf Eriskay ein Pub mit dem Namen »SS Politician« eröffnet. Dort können eine Original-Whiskyflasche und diverse Wrackteile besichtigt werden.

Spielgeld

Wie erwähnt, befanden sich auch 290.000 frisch gedruckte jamaikanische 10-Schilling-Banknoten an Bord. Großbritannien war für die Versorgung der Karibikinsel Jamaika mit Bargeld zuständig. Zu dieser Zeit war Jamaika eine britische Kolonie und eine 10-Schilling-Note kein unbedeutender Betrag. Die Kaufkraft des sich an Bord befindlichen Geldes betrug damals umgerechnet 145.000 Pfund Sterling. Heute sind das mehrere Millionen Pfund.

Die Behörden gingen davon aus, dass ein Großteil der Geldscheine bei der Havarie mit salzhaltigem Meerwasser oder mit Öl in Berührung gekommen und dadurch unbrauchbar geworden war. Nachdem aber Geschichten bekannt geworden waren, dass Kinder mit angespülten blauen 10-Schilling-Noten am Strand der Insel Benbecula spielten, also die Geldscheine im wahrsten Sinne des Wortes zu »Spielgeld« geworden waren, korrigierte man diese Einschätzung.

Staatliche Stellen begannen daraufhin unverzüglich mit der Bergung des Geldes. Etwas mehr als 211.000 der 290.000 Schilling-Noten konnten noch im Wrack sichergestellt werden. Dabei stellte man fest, dass die Bewohner von Eriskay neben Whisky auch einige von den neuen Scheinen hatten mitgehen lassen. Kurze Zeit später wurden die ersten von insgesamt circa 2.300 dieser Banknoten bei diversen Banken, erst in Schottland, dann weltweit eingereicht. Von rund 76.000 Geldscheinen fehlt hingegen bis heute jede Spur.

Das Whiskyschiff

Mit der Sprengung und dem Untergang des Schiffes endete zwar das Plündern und auch die gute Laune der Einwohner, die Geschichte war damit aber nicht tot zu kriegen. Die Geschichte um das Schiff mit seiner besonderen Ladung verbreitete sich weiter. Der Schriftsteller Compton MacKenzie von der Nachbarinsel Barra fühlte sich vom Untergang der »SS Politician« und den Erzählungen um die Whiskyladung derart inspiriert, dass er es niederschrieb. 1947 veröffentlichte er seinen Roman mit dem Titel »Whisky Galore«, was so viel wie »reichlich Whisky« bedeutet. Das Buch wurde derart erfolgreich, dass es 1949 mit großem Erfolg verfilmt wurde. Die »SS Politician« wurde kurzerhand zur »SS Cabinet« und die Insel »Eriskay« zur fiktiven schottischen Insel »Todday«. Compton MacKenzie ließ es sich nicht nehmen, selbst im Film mitzuspielen. Die Vertonung erfolgte in den auf den Äußeren Hebriden weit verbreiteten beiden Sprachen Englisch und Gälisch. Im Jahr 1966 erschien die deutsche Fassung unter dem Titel »Das Whiskyschiff«. Der Film wurde nahe dem Originalschauplatz auf der Nachbarinsel Barra gedreht. Eriskay selbst war für die Dreharbeiten schlicht zu klein und bot zu wenig Infrastruktur.

Von Eriskay nach Uig

Für unsere nächste Geschichte verlassen wir das beschauliche Erisaky und fahren von der südlich gelegenen Hebriden-Insel zur Nördlichsten der Inselkette, nach Lewis. Dort wollen wir den schönen abgelegenen Strand bei Uig aufsuchen. Auf den Äußeren Hebriden gibt es zwar viele dieser Art, aber dieser ist, wie wir sehen werden, auf seine Weise besonders.

Auf unserer Fahrt in den Norden passieren wir die Inseln South Uist, Benbecula, North Uist und kommen nach South Harris.

Die schroffen und spärlich bewohnten Äußeren Hebriden – lediglich 15 der 200 Inseln sind bewohnt - sind bekannt für ihre wilde, karge Schönheit: Wenige Bäume, dafür satte Wiesen und ausgedehnte Moorlandschaften, ein Hotspot für Vogelliebhaber. Der raue Atlantik prallt hier auf die langgezogene Küstenlinie und hinterlässt überall seine Spuren. Traumhaft schöne Sandstrände, die an die Karibik erinnern, zieren die Küsten. Einer dieser Traumstrände liegt in Luskentyre an der Westküste von South Harris, er lädt aufgrund der niedrigen durchschnittlichen Wassertemperatur von nur 11 Grad zwar nicht zum Baden, wohl aber sehr zum Spazieren und Staunen ein.

Mit den Impressionen vom Luskentyre Beach im Gepäck setzen wir unsere Reise nach Norden auf der Landstraße A 859 fort und gelangen von Harris fast ohne es zu merken nach Lewis, wäre da nicht ein Schild mit der Aufschrift »Welcome to the Isle of Lewis«. Wie das? Wir haben weder eine Brücke überquert noch eine Fähre nehmen müssen. Des Rätsels Lösung: Die beiden »Isles« sind landschaftlich unterschiedliche Teile der größten und bevölkerungsreichsten Insel Schottlands Harris and Lewis. Harris ist felsig und hügelig, Lewis vergleichsweise flach, außer im Süden.

Da auf den Äußeren Hebriden traditionell neben Englisch Gälisch gesprochen wird, werden wir auch auf Gälisch mit »Failte do dh'Eilean

Leodhais« begrüßt. Um zu betonen, welche Sprache hier für wichtig erachtet wird, steht die gälische Aufschrift nicht nur an erster Stelle, sie ist auch deutlich größer als die englische.

Auf den Äußeren Hebriden (und auch auf der Insel Skye) sprechen bis zu 70 Prozent der Bevölkerung neben Englisch auch Gälisch. Das entspricht aber nur etwa einem Prozent aller Schotten.

Kurz bevor wir Stornoway, die einzige größere Stadt auf Harris and Lewis auf der A 859 erreichen, biegen wir links ab und fahren in westlicher Richtung über Achmore und Garynahine auf der B 8011 nach Uig. Bei Ardroil, unweit des Strandes von Uig, steht auf einer abgelegenen Seitenstraße an der Westküste eine übermannshohe aus Holz geschnitzte Königsfigur, daneben eine Informationstafel auf einem aus Stein gemauerten Sockel. Der Holzkönig erinnert an eine überdimensionale Schachfigur, und er erzählt uns die nächste Geschichte.

Wee Story 14: Die Lewis Chessmen und ein aufgewecktes Kerlchen

Im Nebel der Vergangenheit am Stand von Uig

Unsere Geschichte hat ihren Ausgangspunkt möglicherweise im Jahr 1831, irgendwo in der Bucht am Strand bei Uig auf Lewis. Präziser kann ich nicht beginnen. Aber gerade diese Ungenauigkeit, die bleibenden Lücken, die wir mit unserer Fantasie füllen können, machenden Charme dieser Geschichte aus.

Hinter der großen königlichen Holzfigur befindet sich eine zweistufige Kletterhilfe, mit der wir halbwegs elegant über den Zaun steigen können. Ein kleiner Trampelpfad führt uns durch die Dünen zum Strand von Ardroil. Es heißt, dass ein einheimischer Bauer hier in den Dünen eine vergrabene Kiste mit 93 mittelalterlichen Schachfiguren gefunden haben soll, die später als die »Lewis Chessmen« berühmt geworden sind.

Wo genau die Schachfiguren gefunden wurden, wird uns leider nicht verraten. Wenn Sie mal am Strand entlanggehen, überlasse ich es Ihrer

Fantasie, wo die Steine vergraben lagen und warum er oder sie die Steine dort vergessen hat…

Zahlreiche Geschichten und Legenden ranken sich darum, wie auch die Frage, wie diese einzigartigen Schachfiguren dorthin gelangt sein könnten. Vieles bleibt mysteriös und gibt Archäologen bis heute Rätsel auf. Die Äußeren Hebriden gehörten im 12. Jahrhundert zu Norwegen. Daher wird angenommen, dass ein Händler aus Norwegen die Steine dort versteckt haben könnte.

Wahrscheinlich wurden die Lewis Chessmen zufällig entdeckt. Dass gezielt in dieser abgelegenen, fast menschenleeren Gegend danach gesucht wurde, ist eher nicht anzunehmen. Da sie in einer Steinkiste lagen, kann man sicher sein, dass sie bewusst dort vergraben wurden. Der genaue Fundort wird nicht angegeben, wohl auch um zu verhindern, dass Schatzsucher kommen und auf der Suche nach weiteren »Schätzen« den ganzen Strand umgraben.

Nach so vielen Fragezeichen und Spekulationen, kommen wir jetzt zu dem, was wir über die Lewis Chessmen wissen. Fest steht, dass der Sensationsfund erstmals am 11. April 1831 der Öffentlichkeit in einer Galerie bei der Society of Antiquaries of Scotland in Edinburgh präsentiert wurde.

Die 93 gut erhaltenen Schachfigurenstammen stammen mit hoher Wahrscheinlichkeit aus dem Norwegen des 12. Jahrhunderts, in Trondheim sind ganz ähnliche Exemplare gefunden worden. Der schottische Fund aber stellt die größte jemals entdeckte Sammlung mittelalterlicher Schachfiguren dar und ist gleichzeitig der berühmteste.

Die aus dem Elfenbein von Walrossen und Walzähnen gefertigten ausdrucksstarken Schachfiguren – im Mittelalter waren solche Spielsteine ein begehrtes Handels- und Luxusgut – gehören zu den bekanntesten archäologischen Funden in Schottland überhaupt. Ein Teil der Sammlung (11 Steine) ist heute im National Museum of Scotland in Edinburgh ausgestellt, wo sie in einer Vitrine von allen Seiten betrachtet werden können. Der überwiegende Teil der Sammlung (82 Steine) befindet sich im Britischen Museum in London.

Die elfenbeinfarbenen Schachfiguren sind bemerkenswert fein gearbeitet. Ihre Gesichter besitzen menschliche Züge und ihre Bekleidung

(Mäntel, Umhänge) und Ausstattung (König mit Krone und Schwert, Springer mit Pferd und Speer, Bischof mit Bischofsstab und Bibel), verrät uns viel über die Menschen der damaligen Zeit. Ein Detail macht die Spielfigur des Berserkers (im heutigen Schach ist das der Turm) besonders bemerkenswert. Er ist mit Schild und Schwert in voller Kampfmontur dargestellt und beißt in den oberen Rand seines Schildes.

Harry Potter und der Stein der Weisen

Im ersten der Harry-Potter-Filme (Harry Potter und der Stein der Weisen, 2001) kamen die Lewis-Schachfiguren zu weiteren Ehren: In einer Szene spielen Harry und Ron in Hogwarts mit ihnen Zauberschach. Das könnte jetzt das Ende unserer Geschichte sein, aber...

Zurück in die Vergangenheit – Aufgeweckt aus seinem Dornröschenschlaf

133 Jahre später im Jahr 1964 kaufte ein Antiquitätenhändler aus Edinburgh für fünf Pfund eine vergilbte 8,8 Zentimeter große Figur. Die Einen sagen, er habe sie auf einem Flohmarkt erworben, andere meinen, ein Kollege habe sie ihm verkauft. Auch hier können wir unserer Kreativität freien Lauf lassen...

Die bärtige Figur stellt einen Wächter dar und ist aus einem Walrosszahn gefertigt (ist ebenfalls vergleichbar mit der heutigen Turmfigur). Die herrlich grimmig dreinschauende Figur mit langem Gewand, einem Helm auf dem Kopf, trägt ein Schild in der linken und ein Schwert in der rechten Hand.

Der Antiquitätenhändler katalogisierte die Figur in seinen Büchern als »Antique Walrus Tusk Warrior Chessman« (»antike Krieger-Schachfigur aus Walross-Stoßzahn«). Dem Antiquitätenhändler war somit wohl bewusst, dass er da etwas Besonderes in seinen Händen hielt, nicht aber, welchen wertvollen Schatz er da tatsächlich erworben hatte. Auch dem Verkäufer schien das nicht bewusst gewesen zu sein, sonst hätte er die Figur nicht für einen derart günstigen Preis veräußert.

Der Antiquitätenhändler verkaufte den kleinen Wächter nicht, sondern verstaute ihn in einer Schublade. Dort blieb er bis seine Tochter ihn erbte. Sie fand Gefallen an der liebevoll gefertigten Figur und bewahrte sie, sorgfältig in ein Tuch eingewickelt und in ein Säckchen verpackt, in einer Schublade zuhause auf.

Hin und wieder, wenn ihr danach war, öffnete sie die Schublade, holte die Figur heraus, um sie zu betrachten und sie danach wieder zurückzulegen. In ihrer Fantasie stellte sie sich vor, dass die Figur magische Kräfte habe. So verging die Zeit und der Wächter führte eine ruhige, einsame Existenz in der Schublade, von gelegentlichen Betrachtungen einmal abgesehen. Irgendwie kein großer Unterschied für die Figur gegenüber der langen Zeit in der Kiste am Strand von Uig. Wie die Figur von der 1831 gefundenen Sammlung getrennt wurde und hier 1964 wieder auftauchte – richtig, wie sollte es in unserer Geschichte anders sein – das weiß heute niemand mehr.

Die Zeit verging. Über 50 Jahre wurde der Wächter nun schon in einer Schublade aufbewahrt, unterbrochen von kurzzeitigen Bewunderungen seiner Besitzerin. Im Jahr 2018 endete schlagartig und unwiderruflich der Dornröschenschlaf der sorgfältig eingewickelten Figur, als ihre wahre Identität ans Licht kam.

Zum Ersten, zum Zweiten und zum Dritten – verkauft

Die Familie beschloss, die wertvolle Figur zu veräußern und entschied sich für eine Auktion. Vorher wurde der Stein von Experten gewissenhaft auf seine Echtheit hin überprüft. Schnell stellte sich heraus, dass er kein Einzelstück, sondern zweifellos Teil der berühmten »Lewis Chessmen« war. Die Aufregung um den Sensationsfund war groß. Das mediale Echo im Vorfeld der Versteigerung ebenfalls.

Die Spielfigur sieht ein bisschen mitgenommen aus. Alles andere hätte auch überrascht, berücksichtigen wir die abenteuerliche Reise durch die Jahrhunderte. Schmutzig, schwarz und verwittert wie sie ist, hat sie ihre ganz eigene Magie. Die restaurierten und herausgeputzten Steine, die wir im Museum betrachten können, strahlen dagegen in saubersten Elfenbein.

Niemandem war bewusst, dass sich ein weiterer Stein der berühmten Lewis Chessmen all die Jahre in Edinburgh in unmittelbarer Nähe der im

National Museum of Scotland ausgestellten Figuren befand. Ein Wiedersehen mit den anderen Spielsteinen sollte es allerdings nicht geben.

Die Auktion war für den 2. Juli 2019 in keinem geringeren Haus vorgesehen als dem renommierten Auktionshaus Sotheby's in London. – Und tatsächlich wurde der Wächter an dem Tag für 735.000 britische Pfund versteigert. Damit handelte es sich um den ersten Spielstein der Lewis Chessmen, der nicht in ein Museum kam. Wer den Stein ersteigerte, ist leider nicht bekannt.

Der Spielstein hat, anders als der Fantasie seiner Vorbesitzerin, zwar keine magischen Kräfte. Die Magie des Steins liegt viel mehr in seiner Einzigartigkeit und seinem Wert, historisch, ideell wie auch monetär.

Die bisher gefundenen Figuren scheinen zu vier Schachspielsets zu gehören. Jetzt können wir hier mal (wieder) spekulieren. Wenn es vollständige Sets gewesen wären, die damals vergraben wurden, stellt sich die Frage: Wo sind die restlichen Spielsteine? Es würden noch ein Springer, vier Türme und 45 Bauernfehlen. – Schlummern diese ähnlich, wie der Wächter, seit Jahrzehnten still und leise in irgendeiner Schublade in ein Tuch eingewickelt?

Wer weiß, wie viele weitere Steine noch darauf warten, wiederaufzutauchen. Schauen Sie doch mal, welche ungeahnten Schätze sich womöglich auch bei Ihnen in den Schränken verborgen haben. Man weiß ja nie, vielleicht ist auch ein Lewis-Chessman dabei…

Von Uig nach Stornoway

Wir verlassen den Parkplatz bei Uig und die große Holzfigur mit dem Wissen um den sensationellen Fund, der sich hier am abgelegenen Stand zugetragen hat. Wir könnten jetzt auf direktem Weg nach Stornonway fahren, entscheiden uns aber für einen lohnenswerten Umweg.

Wir fahren also auf der B 8011 bis nach Garynahine zurück, biegen dort links auf die A 858 in nördlicher Richtung ab und folgen der Straße bis wir nach Callanish mit seinen Standing Stones gelangen.

Bei dem Steinkreis handelt es sich um die größte vollständig erhaltene Steinformation der Megalithkultur in Großbritannien. Er wird auf etwa 3.000 Jahre vor Christus datiert und gibt uns bis heute ein Rätsel über seine Bedeutung auf. Die nicht ebenmäßig behauenen 54 Granitsteinblöcke sind kreuzförmig (Nord-Süd-Ausrichtung) in einer Art Allee in Doppelreihe mit einem aus 13 Monolithen bestehenden Steinkreis in der Mitte angeordnet. Im Zentrum steht ein einzelner großer, die anderen Steine überragender Monolith. Besonders begeistert mich an Callanish, dass man den Steinkreis ohne jegliche Einschränkungen besichtigen darf. Man kann die Steine in aller Ruhe berühren und die einzigartige Atmosphäre auf sich wirken lassen – für mich ein absolut beeindruckender, ja fast magischer Ort.

Ein Grund, warum die Standing Stones of Callanish heute so gut erhalten sind, ist die Klimaverschlechterung während der Eisenzeit. Es wurde kälter in Schottland und noch feuchter. Das führte zu einem stärkeren Torfwachstum und die Steine wurden zur Hälfte von Torf umschlossen – und so vor dem Umfallen bewahrt. Als man Callanish im 19. Jahrhundert wiederentdeckte, muss die Anlage sehr viel weniger beeindruckend gewesen sein, erst als man sie freilegte erlangte sie ihre heutige großartige Wirkung zurück.

Noch fasziniert von Callanish fahren wir ein kurzes Stück weiter auf der A 858 bis wir vor Carloway zu der Ruine des Dun Carloway Broch kommen. Das Broch ist eine kreisrunde, turmartige bis zu 20 Meter hohe Festung aus der Eisenzeit. Durch einen niedrigen Eingang gelangt man in einen großen Innenraum. In die drei Meter dicke Außenmauer sind geschickt Gänge und Treppen eingelassen, über die man die verschiedenen Stockwerke erreichte – all das ganz ohne Mörtel. Die hohen Brochs waren von weitem sichtbar und dominierten die Landschaft.

Vom Dun Calroway Broch fahren wir auf der A 858 ein kurzes Stück in nördlicher Richtung, bis wir an der Küste bei Garenin zum kleinen Freilichtmuseum mit neun traditionellen Blackhouses kommen. Das Gearrannan Blackhouse Village verdeutlicht eindrucksvoll, wie die Menschen »in der guten alten Zeit«, hier in diesen mit Stroh oder Schilf gedeckten und aus dicken Steinmauern bestehenden Häusern, lebten.

Einige Blackhouses wurden noch bis weit nach Ende des Zweiten Weltkriegs genutzt. In einem traditionellen Blackhouse lebten die Bewohner mit ihren Tieren unter einem Dach. Die zentrale Feuerstelle befand sich meist in der Mitte des Hauses. Einen Kamin oder fließendes Wasser hatten diese Häuser mit den kleinen Fenstern nicht. Da Holz auf den Äußeren Hebriden als Brennmaterial schon immer Mangelware war und Peat (Torf) in großen Mengen vorhanden ist, wurden die Feuerstellen hier mit Peat betrieben. Wer einmal in so einem Blackhouse war, der kann sich bestimmt noch an den charakteristischen Geruch erinnern, der noch lange nach dem Verlassen des Hauses in den Kleidern hing.

Wenn Sie nun einmal ausgiebig das Flair eines Blackhouses genießen wollen, dann mieten Sie sich dort ein; einige der Häuser des Freilichtmuseums dienen als Unterkunft.

Noch mit dem Torfgeruch in der Nase geht unsere Reise weiter. Bei der Weiterfahrt auf der A 858 treffen wir auf eine Abzweigung. Wenn wir auf der A 857 weiter in nördlicher Richtung fahren, gelangen wir am Ende der Straße zu einem Ort, der »Butt of Lewis« genannt wird. Dort erwartet uns an der schroffen, felsigen Küste ein imposanter Leuchtturm. Der Butt of Lewis bildet die Nordspitze von Lewis und ist der nördlichste Punkt der Inselkette.

Wir können auch in Richtung Südostenabbiegen und Stornoway ansteuern. Doch bevor wir das Städtchen erreichen und die nächste

Geschichte beginnt, sollte der Harris-Tweed nicht unerwähnt bleiben, für den die Äußeren Hebriden weltweit bekannt sind. Ausschließlich auf den Inseln Lewis and Harris, Uist und Barra darf der in Heimarbeit auf Webstühlen produzierte raue Stoff aus reiner Schurwolle hergestellt werden. Angetrieben werden die Webstühle mit reiner Muskelkraft, die auf ein Pedal wirkt, Motoren einzusetzen ist verboten. Auch das verwendete Garn muss auf den Inseln der Äußeren Hebriden gesponnen worden sein. Nur dann darf auf jedes Stoff- und Kleidungsstück das gesetzlich geschützte Markenzeichen des Harris-Tweed aufgenäht werden (Harris Tweed Act von 1993).

Wee Story 15: Iolaire und der Fels in der Brandung

Beasts of Holm

Wir begeben uns in die Küstenstadt Stornoway. Sie ist mit ihren rund 6.000 Einwohnern die bedeutendste Stadt der Insel Lewis and Harris. Für viele Touristen ist die Fähre von Ullapool nach Stornoway die bevorzugte Verkehrsverbindung vom schottischen Festland.

Das war bei meiner Reise auf die Äußeren Hebriden nicht anders. Beim Erreichen der Küste von Lewis, kurz vor der Einfahrt in den Hafen von Stornoway, ragen bei Ebbe schroffe Felsen aus dem Meer. Auf einem der Felsen thront ein grüner Mast. Kaum einer der Passagiere, die auf dem Oberdeck der Fähre die Küste betrachteten, nahm davon Notiz. Warum auch? Er wirkt unbedeutend und bei Flut liegt sein felsiger Untergrund komplett unterhalb der Wasseroberfläche. Wenn die See ruhig ist und sich Sonne und Wolken darin spiegeln, wirkt die Szenerie friedvoll idyllisch. Doch genau dieser, wenige Meter von der Küste entfernte Felsen, »Beasts of Holm« genannt, hat unsere nächste Geschichte zu erzählen.

Viele Passagiere hatten den Blick bereits nach vorne auf die Lichter des Hafens und der Stadt Stornoway gerichtet. So in etwa musste es auch den Passagieren der HMY Iolaire in der Silvesternacht 1918 ergangen sein.

Voller Vorfreude sehnten sie die Einfahrt in den Hafen von Stornoway herbei. Wären da nicht die berüchtigten Felsen »Beasts of Holm« gewesen und hätte sich das Wetter in dieser Nacht nicht von seiner schlechten Seite gezeigt, dann wäre unsere Geschichte hier bereits mit der Einfahrt in den Hafen und dem Willkommenheißen der heimkehrenden Veteranen durch ihre Angehörigen zu Ende gewesen. Dem war aber nicht so.

Ich möchte voranstellen, dass die nun folgende Geschichte zwar die traurigste dieses Buches ist, aber sie darf aus meiner Sicht auf keinen Fall fehlen. Denn die Tragödie der Iolaire ist, selbst nach über 100 Jahren, für die Menschen der Insel Lewis and Harris noch sehr präsent, auch wenn sie im restlichen Vereinigten Königreich bereits weitgehend in Vergessenheit geraten ist.

Der Krieg war aus

In einem Eisenbahn-Salonwagen auf einer Waldlichtung in der Nähe der nordfranzösischen Stadt Compiègne wurde am 11. November 1918 der Waffenstillstand zwischen dem Deutschen Reich und den beiden Westmächten Frankreich und dem Vereinigten Königreich unterzeichnet. Mit dem Waffenstillstand endeten die vierjährigen Kampfhandlungen. Der »Great War«, der Erste Weltkrieg, war vorüber. Das Töten in Europa war vorbei – zumindest vorerst.

Die Soldaten kehrten heim, so auch die Marineangehörigen, die von der Insel Lewis and Harris stammten. Die Veteranen freuten sich auf das Wiedersehen mit ihren Familien und darauf, ihr ziviles Leben wieder aufnehmen zu können. Auf Lewis and Harris, wie auch im übrigen Schottland bereiteten sich die Menschen am 31. Dezember 1918 auf den Jahreswechsel vor, den ersten friedlichen seit 1913.

Rund 6.000 Männer von Lewis and Harris hatten im Ersten Weltkrieg für »King and Country« (König und Vaterland) gekämpft, vornehmlich wurden sie in der Royal Navy Reserve eingesetzt. Die westlichen Inseln erlitten mit 1.000 Gefallenen die höchste Opferrate im gesamten Vereinigten Königreich. Zahlreiche Familien hatten einen Angehörigen oder Verwandten im »großen Krieg« verloren und freuten sich daher umso mehr über die Rückkehr derer, die den Krieg überlebt hatten.

Überladen ins Unglück

Die Stadt Inverness bildete nach Kriegsende einen zentralen Verkehrsknotenpunkt beim Transport der Soldaten in den Norden Schottlands. Viele Soldaten, von Südengland, von Irland, vom Norden Schottlands kommend, mussten am 31. Dezember 1918 mit dem Zug über Inverness zum kleinen Küstenstädtchen Kyle of Lochalsh nahe der Ilse of Skye gebracht werden. Das regulär verkehrende Postschiff SS Sheila sollte sie dann weiter nach Stornoway auf Lewis transportieren. Für so viele Soldaten, deutlich mehr als erwartet, wie sich schnell herausstellte, war das Postschiff aber schlicht zu klein und schon bald restlos überfüllt. Daraufhin beschloss die Royal Navy, die HM Yacht Iolaire (gälisch für Adler) als Unterstützung für die schnelle Truppenrückführung einzusetzen.

Die HMY Iolaire wurde 1881 in Leith als hölzerne, luxuriöse, dampfbetriebene Yacht gebaut. Im Ersten Weltkrieg wurde sie bewaffnet und zu Hilfszwecken, wie der U-Boot-Jagd und für Patrouillenfahrten, eingesetzt.

Um 16:00 Uhr erreichte die Iolaire den Hafen von Kyle of Lochalsh und machte am Pier unweit der bereits eingetroffenen SS Sheila fest. Die Iolaire selbst war für den Transport der noch verbliebenen großen Anzahl an Soldaten nur schlecht ausgerüstet. Sie verfügte über 80 Schwimmwesten. Ihre Rettungsboote boten 100 Menschen Platz. Trotz der unzulänglichen Ausrüstung beschloss man, die Iolaire einzusetzen. Zu groß war der Druck, die Veteranen schnellstmöglich zum Jahreswechsel nach Hause zu bringen. Vorschriften hin oder her.

So verließ die Iolaire mit 284 Mann an Bord überladen den Hafen von Kyle of Lochalsh und stach um 19:30 Uhr in See. Die Fahrt sollte über die Meerenge »The Minch« ins 100 Kilometer entfernte Stornoway führen. 30 Minuten danach legte auch die SS Sheila ab. Das Postschiff hatte noch auf Nachzügler gewartet, die verspätet in Kyle of Lochalsh eintrafen.

Die Tragödie nahm ihrem Lauf

Während der Überfahrt kam starker Wind auf und es begann heftig zu regnen. Die See zeigte sich von ihrer rauen und ungemütlichen Seite. Wie sich wohl die Szenerie in der Nacht vom 31. Dezember 1918 zum 1. Januar

1919, bei tosender See auf dem schwankenden Dampfschiff angefühlt haben muss? – Die Vorfreude der Männer auf Heimat und Familie, überwog bestimmt die Sorge über die tosende See. Man vertrieb sich die Zeit. Einige Männer ruhten sich aus, andere sangen gälische Lieder.

Nach Mitternacht näherte sich die Iolaire der Bucht und dem Hafen von Stornoway und somit dem Ende ihrer unruhigen Reise. Sie war zu dem Zeitpunkt aber nicht das einzige Schiff auf See. Das Fischerboot Spider befand sich ebenfalls auf dem Weg in den Hafen. Als man auf der schnelleren Iolaire das Fischerboot sah, drehte der Kapitän nach Steuerbord ab, um die Fahrt in den Hafen nicht drosseln zu müssen. Die Besatzung des Fischerbootes kannte die Gefahren, die von den berüchtigten Felsen »Beasts of Holm« ausgingen und hielt entsprechenden Abstand. Der Kapitän der Iolaire hingegen war noch nicht unter diesen Bedingungen in den Hafen von Stornoway eingelaufen. Er wollte den Kurs des Fischerboots achtern kreuzen und kam so zu weit vom Kurs ab – mit fatalen Folgen. Es war 1:55 Uhr, das neue Jahr keine zwei Stunden alt, als die HMY Iolaire mit großer Fahrt mit einem lauten Krachen auf den Felsen »Beasts of Holm« auflief. Augenblicklich drang Wasser ein. Schnell neigte sich das Schiff gefährlich weit nach Steuerbord.

So nah und doch so fern

Die Männer auf der Iolaire konnten die Lichter von Stornoway und anderer Ansiedlungen schon sehen. Der eine oder andere hatte vielleicht auch sein eigenes Zuhause ausmachen können. – Und doch erreichten viele von ihnen die nahe Heimat nicht lebend.

Signalraketen wurden abgefeuert, um auf die Notlage aufmerksam zu machen. Nur wenige Meter trennten die Männer der Iolaire vom rettenden Ufer. Ein Steinwurf entfernt lag die lang ersehnte Heimat und war doch unerreichbar. Verzweifelt versuchte die Besatzung die Rettungsboote zu Wasser zu lassen. Da die Iolaire bereits massiv Schlagseite hatte, schlugen die Rettungsboote in den hohen Wellen gegen die Bordwand und die Versuche scheiterten.

Einige sprangen über Bord und versuchten ans nahegelegene Ufer zu schwimmen. Viele von ihnen ertranken in der aufgewühlten See oder wurden von den starken Wellen gegen die Felsen geschleudert. Die schwere See verhinderte zudem, dass andere Schiffe der havarierten Iolaire zu Hilfe kommen konnten. Auch die örtliche Küstenwache konnte mit ihrer Ausrüstung erst nach dem Untergang des Schiffes ins Geschehen eingreifen.

Von den 284 Männern an Bord der Iolaire starben 205. Lediglich 79 Passagiere und Besatzungsmitglieder überlebten das Unglück. Die Äußeren Hebriden sind rau und mit lediglich 30.000 Einwohnern dünn besiedelt. Hier kennt jeder jeden. Da wiegt es um so schwerer, dass 181 Opfer von Lewis and Harris stammten. Der Neujahrstag des Jahres 1919 gilt bis heute als »schwärzester Tag« in der Geschichte der Insel.

Als die Sonne aufging und sich das Wetter beruhigt hatte, lagen zahlreiche Männer neben angespülten Wrackteilen und Ausrüstungsgegenständen tot am Strand. Noch Wochen und Monate nach dem Untergang gab die See nach und nach einige der Toten frei. 64 Männer bleiben bis heute verschwunden.

Lebenslinie

John Finlay Macleod aus Port of Ness war einer der Soldaten, die auf der Iolaire transportiert wurden. In der aussichtslosen Lage unternahm er ein spektakuläres Wagnis. Er gab das eine Ende einer dünnen Wurfleine einem Mann an Bord und schwamm mit dem anderen Ende um seine Hüfte gebunden durch die tosende See und gelangte lebend an Land. An der Wurfleine zog er dann vom Schiff ein dickeres Tau an Land, an dem sich nacheinander 40 Männer ans sichere Land retten konnten.

Gegen 3:00 Uhr gab die Iolaire ihren Kampf gegen die Wellen auf. Der Rumpf zerbrach und das Schiff ging unter. Vorher gab es an Bord eine Explosion, woraufhin der Schornstein abbrach und ins Meer stürzte. Lediglich die beiden Mastspitzen ragten noch aus dem Wasser. An ihnen konnten sich Soldaten festklammern und sich vorerst vor dem Ertrinken retten, an einem zwei und am anderen einer. Dort warteten sie verzweifelt die ganze Nacht über, nass bis auf die Knochen und frierend, auf Rettung von Land. Der einzelne Mann war Donald Morrison. Er konnte am Morgen um 10:00 Uhr als letzter Überlebender gerettet werden. Die anderen beiden waren bei Tagesanbruch verschwunden. Irgendwann in der Nacht war der zweite Mast gebrochen und beide ertranken in den Fluten.

Die Auswirkungen

Die Tragödie der Iolaire war nach dem Untergang der Titanic am 15. April 1912 die zweitgrößte Schiffskatastrophe in Friedenszeiten im Vereinigten Königreich. Fast jede Familie der Insel war direkt betroffen oder kannte jemanden, der ein Opfer zu beklagen hatte: Väter, Söhne, Brüder, Onkel, Neffen. 67 Witwen mussten von nun an 209 Kinder ohne ihren Vater großziehen, oftmals in Armut. Um die Hinterbliebenen finanziell zu unterstützen, wurde ein Fonds eingerichtet.

Die persönlichen Schicksale der Menschen, die sich auf dem Schiff befanden, ob sie überlebten oder bei der Tragödie starben, prägten die Geschichte der Insel. Es gab kleine Orte, in denen der gesamte männliche Teil der Einwohner mit der Iolaire unterging. Da Religion auf Harris and Lewis schon immer eine große Rolle gespielt hatte, suchten viele Hinterbliebene Trost und Hoffnung im Glauben. Über die Tragödie selbst und das Leid des Einzelnen sprach man hingegen wenig.

Die zahlenmäßig recht kleine Gemeinschaft hatte im Krieg bereits einen hohen Blutzoll hinnehmen müssen. Jetzt kamen noch völlig unerwartet zusätzliche Opfer hinzu, die den Schmerz und die Trauer der Menschen ins Unermessliche steigerten. Die Folgen waren enorm. Zwischen den beiden Weltkriegen schrumpfte die Bevölkerung der Äußeren Hebriden signifikant. Da es nicht genügend potenzielle Ehemänner gab, konnten zahlreiche junge Frauen keine Familie gründen. Nicht wenige von ihnen wanderten daraufhin aus.

H.M.Y. Iolaire Memorial

Erst nach fast 40 Jahren, im Jahr 1958, wurde an der Küste in Sichtweite des Unglücksfelsens »Beasts of Holm« ein Denkmal zu Ehren der Opfer der Tragödie errichtet. Drei Kilometer südöstlich von Stornoway weist uns an der Straße ein Schild auf das »H.M.Y. Iolaire Memorial« hin. Von einem Parkplatz aus können wir das wenige Gehminuten entfernt gelegene Denkmal direkt an der Klippe erreichen. Es ist dem Meer zugewandt und hat die Form eines auf einem Sockel stehenden Obelisken. 2001 wurde es um eine Tafel mit dem Hergang der Tragödie und ihren Auswirkungen ergänzt.

Am 1. Januar 2019 jährte sich der Untergang der Iolaire zum hundertsten Mal. Der Jahrestag wurde mit einer Gedenkfeier begangen, an der auch Nicola Sturgeon, First Minister of Scotland, und der damalige Prinz Charles, heute König Charles III., teilnahmen. Charles, der als britischer Thronfolger auch den Titel »Lord of the Isles« trug, legte einen Kranz am Denkmal zu Ehren der Toten nieder.

Der grüne Mast und seine grausame Ironie

Jetzt, wo wir die Geschichte der Iolaire kennen, kennen wir auch die grausame Ironie, die mit dem grünen Mast und den Felsen »Beasts of Holm« seit nunmehr über 100 Jahren verbunden ist. Da haben die Männer die vierjährige Hölle des Ersten Weltkriegs überlebt, um dann beim Heimtransport kurz vor der Hafeneinfahrt zu ertrinken. Es war reiner Zufall, der bestimmte, auf welches der beiden Boote sie kamen. Das Postboot SS Sheila erreichte sicher seinen Bestimmungsort, während die Männer auf der HMY Iolaire in ihr Unglück fuhren.

Von Stornoway nach Ullapool

Wir verlassen Stornoway mit der Fähre und nehmen Abschied von den Äußeren Hebriden. Wir werfen beim Verlassen des Hafenseinen letzten Blick nach Backbord (das ist in Fahrtrichtung links ;-)) auf den Felsen und denken an die traurige Geschichte der HMY Iolaire.

Uns eine zweieinhalbstündige Überfahrt bevor, die uns zurück ans schottische Festland, nach Ullapool im Loch Broom, bringt. Das Gewässer, das wir durchqueren, wird The Minch (auch North Minch) genannt. Es ist ein atlantischer Meereskanal, der die Äußeren Hebriden von den nordwestlichen Highlands und den Inneren Hebriden trennt. Das Beobachten der Wasseroberfläche könnte sich hier besonders lohnen. Verschiedene Walarten, Delphine und andere Meeresbewohner kreuzen mit etwas Glück unseren Weg.

Während wir uns dem schottischen Festland nähern, durchqueren wir ein Gebiet mit einer Ansammlung kleinerer Inseln, die Summer Isles genannt werden. Lediglich auf der größten Insel Tanera Mor lebt eine Handvoll Menschen. Richtige Straßen sucht man dort vergebens, es gibt lediglich Fußwege. Seehunde, Wale, Delphine und Adler sind dort zuhause und machen die Inseln zu einem lohnenden Ziel für einen Tagesausflug. Von Ullapool ist die Überfahrt möglich.

Ganz anders sieht es mit einer Insel aus, die wir Steuerbord (das ist dann in Fahrtrichtung rechts ;-)) in weiter Ferne in einer Bucht erspähen können: Gruinard Island. Quasi im Vorbeifahren erzählt uns die Insel unsere nächste Geschichte.

Ein weißer Fleck auf der Landkarte

Die Insel Gruinard selbst habe ich bei meinen Reisen nur aus sicherer Entfernung von der Fähre aus gesehen und bin selbst nie dort gewesen. Auch bei zukünftigen Schottlandreisen steht die zwei Quadratkilometer große Insel nicht auf meinem Tourenplan. Sie wird für mich wohl ein weißer Fleck auf der Landkarte bleiben. Näher als mit dem Mauszeiger auf Google Maps werde ich der zwei Quadratkilometer großen Insel, rund einen Kilometer vom schottischen Festland gelegen, nicht kommen. Sollten Sie zu einer anderen Einschätzung kommen, bin ich sehr auf Ihren Reisebericht gespannt.

Es gibt auch keine Fährverbindung, kein Flugzeug steuert die Insel an. Sie ist unbewohnt und verfügt über keinerlei Infrastruktur. Dorthin zu kommen ist also nicht ganz einfach. – Und das hatte auch für viele Jahrzehnte einen guten Grund.

Wee Story 16: Operation Vegetarian

Die nun folgende Geschichte hat nichts mit Ernährung zu tun, wenngleich der Name Operation Vegetarian erstmal auf fleischlose Ernährung hindeutet. Wir gehen zurück in die Zeit des Zweiten Weltkriegs. Das britische Militär war auf der Suche nach einem geeigneten Ort, um Versuche mit Biowaffendurchzuführen. Die kleine unbewohnte Insel Gruinard vor der schottischen Küste schien dafür gut geeignet zu sein. Sie liegt in der Abgeschiedenheit der Highlands, in einer Region, die dünn besiedelt war – und es immer noch ist. Das ideale Testgelände für das britische Militär.

So kam es, dass das britische Militär in den Jahren 1942 und 1943 dort Versuche mit Milzbrandbakterien, besser bekannt als Anthrax, durchführte. Sie sollten gegen Nazi-Deutschland eingesetzt werden. Man stellte sich die Wirkung der Biowaffe folgendermaßen vor: Mit Hilfe kontaminierter Leinsamen, abgeworfen durch die Royal Air Force, sollten Nutztiere mit Milzbrandsporen infiziert werden. Über die Tiere sollte die Infektion in kürzester Zeit auf Menschen übertragen werden. Die Militärs hielten in ihren Planspielen Millionen von Toten für möglich.

Von der Theorie zur Praxis

An 80 Schafen sollte der Milzbranderreger getestet werden. Sie wurden eigens dafür auf die Insel gebracht und mittels von der britischen Royal Air Force abgeworfenen Anthrax-Bomben dem Erreger ausgesetzt. Ausnahmslos alle Schafe starben binnen weniger Tage. Der Kampfstoff war einsatzbereit. Zum Einsatz gegen Nazi-Deutschland kam die Anthrax-Waffe glücklicherweise nie.

Das Experiment geriet außer Kontrolle. Bei Untersuchungen stellte das britische Militär fest, dass Erreger des Kampfstoffes in den Boden gelangt waren und sich dort festgesetzt hatten. Die Insel war nach einem Jahr andauernder Experimente komplett verseucht. Umgehend wurde Gruinard zum militärischen Sperrgebiet erklärt. Im Laufe der Zeit erhielt die Insel den Namen »Milzbrandinsel«. Bei Untersuchungen stellte man fest, dass die ausgebrachten Milzbrandbakterien hartnäckiger waren als vermutet.

Die Insel wurde auf Dauer Opfer des Zweiten Weltkriegs

Die großflächige Verseuchung machte die kleine idyllisch gelegene Insel für Jahrzehnte unbewohnbar, trotzdem passierte lange Zeit nichts. Erst 40 Jahre später im Jahr 1986 wurde von staatlicher Seite damit begonnen, die Insel zu dekontaminieren, nachdem der Druck auf die britische Regierung, insbesondere aus Schottland, immer größer geworden war.

Eine Spezialfirma wurde mit der Dekontaminierung beauftragt. Nachdem die spärliche Vegetation abgebrannt war, begann man damit, Teile des Bodens abzutragen. 280 Tonnen Formaldehyd wurden in 2.000 Tonnen Seewasser gelöst und großflächig über der ganzen Insel versprüht. Im Anschluss wurden Testschafe auf die Insel gebracht und beobachtet. Nachdem sie keine Symptome einer Erkrankung gezeigt hatten und keine Erreger im Boden mehr nachzuweisen waren, wurde die Insel Gruinard 1990 offiziell durch das britische Verteidigungsministerium für dekontaminiert erklärt.

Eine Besiedelung war von nun an wieder möglich. Kurz darauf übergab das britische Militär die Insel an die Erben der ursprünglichen Eigentümer zurück.

For Sale

Sich Eigentümer einer eigenen Insel nennen zu dürfen, hört sich auf den ersten Blick verlockend an. Sonne, Strand, Meer vor der eigenen Haustür klingt idyllisch. Allerdings verliert der Gedanke schnell an Reiz, wenn es um die Insel Gruinard geht. Sie steht tatsächlich zum Verkauf. Bisher fand sich allerdings niemand, der ernsthaft Interesse an der idyllischen Insel hatte. Wahrlich kein Mekka für Makler.

Vielleicht hat das auch mit den Erkenntnissen des Archäologen Dr. Brian Moffat zu tun. Er und sein Forschungsteam führten in Soutra bei Edinburgh an der Stelle, wo im Mittelalter ein Krankenhaus stand, in dem es Fälle von Milzbrandinfektionen gegeben haben soll, Grabungen durch. Dabei fanden sie jahrhundertealte, aber auch heute noch aktive Milzbranderreger im Boden. Das lässt ihn zu dem nicht ganz so optimistischen Schluss kommen, dass auch auf der Insel Gruinard nicht alles so ist, wie es scheint. Er schließt nicht aus, dass Anthrax-Bakterien auch dort das große Reinemachen überlebt haben.

Ullapool

So, nun können Sie selbst entscheiden, ob Sie die Insel Gruinard in Ihre Tourenroute mit aufnehmen oder ob Sie mit der Fähre nicht besser in sicherer Entfernung an ihr vorbeifahren. Entscheiden Sie sich für Variante eins, erwarten Sie mit Sicherheit unberührte Natur und einsame Spaziergänge am Strand. Entscheiden Sie sich für die Variante zwei, dann fahren wir mit der Fähre in den Loch Broom ein und erreichen kurze Zeit später das kleine Städtchen Ullapool.

Die Hafenpromenade mit seinem Fähranleger und Fischerbooten begrüßt uns mit einer langen Reihe weißer Häuser. Ullapool ist mit rund 1.500 Einwohnern die größte Ortschaft in diesem Teil der dünn besiedelten Highlands hoch im Nordwesten Schottlands. Ullapool hat eine angenehm ruhige Ausstrahlung. Die Stadt bietet sich als Stützpunkt zum Erkunden der umliegenden Gegend mit seinen Hotels, B&Bs, Geschäften und zahlreichen Restaurants geradezu an. Gerade von der Hafenpromenade aus hat man einen schönen Blick über den Loch Broom hinweg auf die umliegenden Berge. Während Ullapool heute einladend auf Touristen wirkt, war es zur Zeit der berüchtigten Highland Clearances (der Vertreibung der im Hochland ansässigen Bevölkerung) im späten 18. bis zum Ende des 19. Jahrhunderts für viele Schotten der Ausreisehafen in die neue Welt.

Von Ullapool zum Loch Assynt

Wir verlassen Ullapool und fahren hinüber nach Assynt in der Grafschaft Sutherland. Assynt gehört zu den dünn besiedelten und daher mit einer dürftigen Infrastruktur versehenen, eher wenig bekannten Regionen Schottlands. Wir folgen erst der A 835 und dann der A 837 in nördlicher Richtung. Unser nächstes Ziel liegt etwa 40 Kilometer entfernt am Loch Assynt.

Auf der Hälfte der Strecke passieren wir den Geopark Knockan Crag. Einen kurzen Fußmarsch vom Parkplatz zu dessen kleinem, unbesetzten Informationszentrum kann ich jedem empfehlen – wobei das Wort »Informationszentrum« hier vielleicht etwas hochgegriffen ist. Es handelt sich nämlich um ein in den Hang gebautes, überdachtes Gebäude, das zur Talseite offen ist und einen schönen Blick über den See Lochan an Ais bietet. Im Eingangsbereich sitzen und stehen zwei lebensgroße Figuren der Geologen John Horne und Benjamin Peach. Anschaulich wird die erdgeschichtliche Entstehung Schottlands hier anhand einer geologischen Besonderheit, einer Überschiebungszone, erklärt. Im Jahr 1907 entdeckten die beiden Geologen, dass hier auf einem Gebiet von etwa 190 Kilometern Länge und 10 Kilometern Breite bis zu 2,5 Milliarden alte Gesteine so stark gefaltet und verschoben worden sind, dass ältere Schichten über deutlich jüngeren zu liegen kamen. Erwähnenswert sind auch die insgesamt sieben in die Landschaft eingebetteten Steinskulpturen verschiedener Künstler. Eine aus Steinplatten zusammengesetzte Kugel, *The Globe*, des Künstlers Joe Smith, ist an einem Steilhang schon von Weitem sichtbar.

Von dort aus fahren wir noch ein kurzes Stück weiter und biegen dann auf die A 837 ab, auf der wir Loch Assynt erreichen. In dessen Umgebung leben nur wenige Menschen in ein paar kleinen Orten. Die schottische Landschaft präsentiert sich hier im Nordwesten überaus karg, weitgehend baumlos, hat aber auf ihre Weise einen unbeschreiblichen Reiz. Der schmale 10 Kilometer lange Süßwasser-Loch entstand wie viele andere Lochs durch Gletscheraktivität während der letzten Eiszeit.

Auf der linken Seite sehen wir im Vorbeifahren direkt am See die Grundmauern einer Ruine, Calda House, die uns später noch einmal begegnen wird. Nach wenigen hundert Metern erreichen wir den kleinen Parkplatz bei einer weiteren Ruine, dem Ardvreck Castle. Ein kleiner Pfad führt uns dorthin.

Wee Story 17: Ardvreck Castle und der Pakt mit dem Teufel

Die Burgruine von Ardvreck Castle liegt am Ufer des Loch Assynt auf einer felsigen Halbinsel. Von der ursprünglichen Burg ist bis auf einen Teil der Grundmauer nicht mehr viel übrig. Bisher bin ich zweimal am Ardvreck Castle vorbeigekommen. Bei meinem letzten Besuch erreichte ich Ardvreck Castle unmittelbar nach einem Regenschauer. Als die Sonne durch die Wolken brach und ihr Licht auf den nassen sichelförmigen Sandstrand vor der Burgruine fiel, leuchtete er in einem intensiven orangegelb. Man hatte von Weitem den Eindruck er strahle von selbst.

Ardvreck Castle

Das Castle gehörte am Ende des 15. Jahrhunderts den Mac Leods of Assynt, die über Assynt und die benachbarten Regionen herrschten.

Es war als Turmhaus konzipiert. Turmhäuser sind wehrhafte Wohntürme mit mehreren Etagen, die meist von Wirtschaftgebäuden umgeben waren. Dieser Bautyp war in Schottland seit dem 14. Jahrhundert weit verbreitet und so wundert es nicht, dass zahlreiche Turmhäuser erhalten geblieben sind, manche bis heute in sehr gutem Zustand. Sie boten dem Clan-Chef und seiner Familie bei beschränktem Wohnkomfort einen gewissen Schutz. Ardvreck Castle wurde um 1490 unter Angus Mor III erbaut. Die Burganlage war relativ klein und bestand lediglich aus einem zu dieser Zeit typischen drei- oder vierstöckigen rechteckigen Turmhaus. Um das Castle herum soll es weitere kleine Bauwerke gegeben haben. Etwa ein Jahrhundert später erweiterte Donald Ban Mac Leod of Assynt die Anlage um einen Turm und Umfassungsmauern.

Die Lage auf einer felsigen Halbinsel im See ist in strategischer Hinsicht gut gewählt, denn Ardvreck Castle ist an drei Seiten von Wasser umgeben. Angriffe von der Landseite waren nur über einen schmalen Streifen möglich, der – ein zusätzlicher Vorteil – von Zeit zu Zeit überflutet war. Warum die Höhe des Wasserspiegels schwankte, erfahren wir später in der Geschichte…

Geistergeschichten

Die Burgruine ist leicht zu übersehen, schließlich ist nicht mehr viel von ihr übrig. Dabei ranken sich große Geschichten um das abgelegene Gemäuer.

Eine Burg zu bauen war schon zur damaligen Zeit ein teures, aufwendiges und zeitraubendes Unterfangen. Aber wer in Zeiten, wie den damaligen, sicher leben wollte, dem blieben wenig Alternativen. Der Clan-Chef Mac Leod soll den Bau seines Castles nur mit der Hilfe des Teufels bewerkstelligt haben.

Der listige Teufel erkannte die prekäre Lage, in der sich der Clan-Chef Mac Leod befand. Die sich im Bau befindliche Burg wollte einfach nicht fertig werden. So beschloss der Teufel, ihm ein Angebot zu machen. Er helfe ihm, seine Burg im Handumdrehen fertig zu bauen, natürlich nur unter der Voraussetzung, dass der Clan-Chef eine Gegenleistung erbringe. Mac Leod überlegte und wog ab, was ihm der Bau seiner Burg wert war. Schließlich versprach er dem Teufel seine Tochter Eimhir als Ehefrau. Als das Castle wie durch Zauberhand fertiggestellt war, forderte der Teufel seine ihm versprochene Braut ein. Eimhir soll davon so gar nicht begeistert gewesen sein. Die Aussicht, als Braut des Teufels vor den

Traualtar zu treten, war für sie unvorstellbar. Daher rannte sie voller Verzweiflung über den herzlosen Verrat ihres Vaters den höchsten Turm der Burg hinauf und stürzte sich von den Zinnen in den Tod.

Seitdem – so eine Variante der Geschichte – soll der Geist von Eimhir in den Ruinen von Ardvreck Castle umherwandeln. Zugegeben ein eher unspektakulärer Ort zum Spuken, schließlich ist ja nicht mehr viel von der kleinen Burg übrig.

Die Tränen von Eimhir

Bei einem alternativen Ende der Geschichte, das mir persönlich deutlich besser gefällt, soll die Tochter auf der Flucht vor dem Teufel Zuflucht in den Tiefen von Loch Assynt gefunden haben. Seither soll sie manches Mal als Meerjungfrau gesehen worden sein. Loch Assynt habe Eimhir beim Sturz von den Zinnen in die Tiefe aufgefangen und sicher zu ihrer neuen Wohnung unter der Wasseroberfläche gebracht. – Und wenn der Wassespiegel von Loch Assynt steigt, dann nur deshalb, weil Mac Leods Tochter wieder einmal so viele Tränen über ihr bitteres Schicksal vergossen habe.

Calda House

Im Jahr 1672 wechselte Ardvreck Castle seinen Besitzer. Der Clan der Mac Kenzies von Wester Ross eroberte die Burg von Assynt nach einer 14-tägigen Belagerung. Damit endete die Herrschaft der Mac Leods und die der Mac Kenzies begann. Den Mac Kenzies, insbesondere der Frau von Kenneth Mac Kenzie, Frances, war der vorhandene Wohnturm nicht komfortabel genug. Daher baute man 1726 das nahegelegene weitaus modernere dreistöckige Herrenhaus Calda House. Wir erinnern uns, das ist das Haus, an dem wir auf dem Weg zum Ardvreck Castle vorbeigekommen sind. Es steht ein paar hundert Meter entfernt.

Frances hatte hohe Ansprüche an den Lebensstil in Calda House. Entsprechend teuer war der Bau und das Geld bald aufgebraucht. Elf Jahre nach der Fertigstellung, im Jahr 1737, soll das Haus niedergebrannt sein. Die einen munkeln, die Mac Kenzies hätten es selbst angezündet, um es nicht dem Earl of Sutherland in die Hände fallen zu lassen.

Andere erzählen die Geschichte so: Die Mac Kenzies gaben an einem Samstag ein großes Fest und feierten bis in den heiligen Sonntag hinein – ein ungebührliches Verhalten. Während des Festes, in der ersten Stunde des neuen Tages, brach ein Feuer aus und Calda House brannte bis auf die Grundmauern nieder. Lediglich ein Dudelsackspieler überlebte, er hatte sich standhaft geweigert, bis in den Sonntag hinein zu spielen und das Fest verlassen, bevor die Uhr Mitternacht schlug.

Vom Blitz getroffen

Was wurde eigentlich aus Adrvreck Castle? – Nach dem Brand von Calda House stand Ardvreck Castle leer und war dem Verfall Preis gegeben. Im Jahr 1795 wurde der Wohnturm bei einem schweren Gewitter zudem von einem Blitz getroffen und brannte weitgehend nieder. Das Resultat, die kläglichen Reste des Wohnturms, können wir heute besichtigen.

Wenn Sie am Ufer des Sees das Schluchzen eines jungen Mädchens hören und nicht wissen, woher es kommt, dann ist das bestimmt die Meerjungfrau Eimhir, die wieder ein paar Tränen vergießt. Sollte der Wasserspiegel des Sees dann auch noch ansteigen und die kleine Landzunge vor der Burgruine im See versinken, dann haben Sie den Beleg, dass an dieser Geschichte, die man sich hier hoch im Norden Schottlands schon so lange erzählt, wohl doch was Wahres dran ist. ;-)

Nach der Blamage in Bowmore, als der Teufel von resoluten Bürgern von der Insel Islay aus der runden Kirche vertrieben wurde, ging er auch im Ardvreck Castle leer aus. Mal sehen, ob sich daran noch was ändert oder, ob Schottland einfach kein gutes Pflaster für den Teufel ist. Ich habe da mit Blick auf die nächste Geschichte, in der uns der Teufel ein drittes Mal begegnen wird, so eine Ahnung…

Von Loch Assynt nach Durness

Wir verlassen Loch Assynt und fahren erst auf der Landstraße A 894, um dann der A 838 weiter in Richtung Norden zu folgen. Von der Brücke bei Kylesku haben wir einen schönen Blick auf Loch a' Chàirn Bhàin zu unserer Linken und Loch Gleann Dubh zu unserer Rechten.

Bereits seit Ullapool fahren wir auf der schottischen Route 66, der North Coast 500. Da dieser Streckenabschnitt von Loch Assynt nach Durness meiner Meinung nach zu den landschaftlich schönsten gehört, möchte ich hier ein wenig näher auf die legendäre Straße eingehen.

Die North Coast 500 ist ein, wie der Name andeutet, 500 Meilen langer Rundweg, der hauptsächlich an den Küsten der Highlands entlangführt. Man braucht für die Tour, will man einige Sehenswürdigkeiten besuchen, etwa fünf bis sechs Tage. Viele Reisende starten in Inverness und fahren quer durchs Landesinnere zur Westküste hinüber nach Applecross, dann über Ullapool entlang der Küstenlinie zur Nordküste bis Durness, von dort küstenparallel Richtung Osten nach Thurso und schließlich zurück nach Süden bis Inverness. Andere bevorzugen den Weg gegen den Uhrzeigersinn. Nicht selten sieht man auf der North Coast 500 Menschen mit Schal in Cabrios oder Oldtimern – dem schottischen Wetter trotzend – mit einem breiten, zufriedenen Grinsen im Gesicht.

Nachdem wir Loch Inchard hinter uns gelassen haben, fahren wir ein Stück ins Landesinnere. Westlich von uns passieren wir in einiger Entfernung Cape Wrath, die nordwestliche Spitze des schottischen Festlands. Cape Wrath wird auch von der Royal Air Force als militärisches Übungsgebiet genutzt und ist immer dann gesperrt, wenn dort Bombenabwürfe trainiert werden.

Mit dem kleinen Ort Durness, erreichen wir auch die Nordküste, der wir nun auf der A 838 weiter in östlicher Richtung folgen. Kurz nach Durness kommen wir linker Hand am imposanten Sandstrand von Sango vorbei. Hier lohnt sich in jedem Fall ein kurzer Stopp. Von dem »Sango

Bay View Point« haben wir von einem erhöhten Standort einen guten Blick auf den hellen Strand, die Felsen und das Meer.

Eine Meile nach Durness liegt auf der linken Seite der Parkplatz der Smoo Cave, und diese Höhle hat eine diabolische Geschichte zu erzählen.

Wee Story 18: Smoo Cave – Das Tor zur Unterwelt

Wenn Sie sich mal gefragt haben, wo das Tor zur Unterwelt liegt: Hier im hohen Norden Schottlands an der Küste in der Nähe von Durness an der Landstraße A 838 könnten Sie in einer Höhle fündig werden. Über einen steilen Pfad gelangen Sie hinab in die Bucht zum Eingang der Höhle mit dem Namen Smoo Cave. Ihr imposanter Eingang ist mit 40 Metern Breite und 15 Metern Höhe nicht zu verfehlen. Doch so harmlos, wie der breite Eingang die Höhle erscheinen lässt, ist sie nicht.

Archäologische Forschungen haben ergeben, dass die Höhle bereits vor mehr als 6.000 Jahren von Jägern genutzt wurde. Sie besteht aus drei Kammern, von denen zwei trockenen Fußes besichtigt werden können. Die vordere große, domförmige Kammer hat das Meer aus dem Kalkstein herausgewaschen. Die zweite Kammer hat ein Fluss geformt. Die dritte Kammer kann nur mit einem kleinen Boot im Rahmen einer geführten Tour befahren werden – und das ausschließlich bei gutem Wetter. In der zweiten Kammer fließt der Fluss Allt Smoo, besser gesagt, er stürzt durch eine Öffnung in der Decke als Wasserfall mit lautem Getöse in die Höhle.

Von einer Holzplattform können Sie sich das Schauspiel anschauen. Dass die Deckenöffnung nicht natürlichen Ursprungs ist, soll uns die nachfolgende Geschichte erzählen.

Der Teufel und der Clan Chief

Donald Mackay, Erster Lord of Reay und Chief des Clans Mackkay, lag im Clinch mit dem Teufel. Mackay will mehrfach mit dem Teufel gekämpft haben und soll ihn, so die Geschichte, immer besiegt haben. Das trieb den Teufel zur Weißglut und, listig wie er war, beschloss er, Mackay eine Falle zu stellen.

Eines schönen Morgens, noch vor Morgengrauen, legte sich der Teufel in der Smoo Cave auf die Lauer, um Mackay zu überrumpeln. Schließlich wollte er auch mal gewinnen – immer nur verlieren, ist, wenn es sich herumspricht, schlecht für den Ruf.

Mackay war an diesem Morgen in Begleitung seines treuen Hundes unterwegs und hatte beim Anblick der großen, dunklen Höhle eine Ahnung. Irgendwie war ihm das Ganze nicht geheuer. So schickte er seinen Hund voraus in die Höhle. Dort begann der Hund umgehend laut zu bellen. Als der Hund kurz darauf heulend und ohne Fell aus der Höhle rannte, da wusste Mackay Bescheid. Seine Intuition hatte ihn nicht getäuscht. Mackay war gewarnt und der hinterhältige Plan des Teufels aufgeflogen.

Zum Glück für Mackay ging gerade in diesem Moment die Sonne auf und der Teufel verlor mit dem ersten Sonnenstrahl seine dämonischen Kräfte. Mackay hatte ihn ein weiteres Mal besiegt. Davon derart in Rage gebracht, ging der Teufel im wahrsten Sinne des Wortes in die Luft. Er schoss durch die Höhlendecke der Smoo Cave. Genau an dieser Stelle stürzt nun, wie zum Beweis für jeden sichtbar, der Fluss Allt Smoo als Wasserfall durch die Decke.

Schottland scheint kein gutes Pflaster für den Teufel zu sein. Erst vertrieben ihn resolute Schotten aus Bowmore auf der Insel Islay, dann stürzte sich Eimhir lieber vom Turm des Ardvreck Castle in den Tod als ihn zu heiraten. – Und jetzt flog er auch noch aus der Smoo Cave heraus.

Der Geist des Steuereintreibers

Nachdem sich die Geschichte vom verjagten Teufel herumgesprochen hatte, kamen andere auf die Idee, die Höhle für ihre Zwecke zu nutzen.

So soll sich in der Höhle in der Mitte des 18. Jahrhunderts eine illegale Whisky-Destillerie befunden haben. Geeignet dafür scheint sie zumindest zu sein. Sie liegt abgelegen und hat, dem Teufel sei Dank, einen steten Frischwasserzugang, der für die Whiskyproduktion essenziell ist. Die Abgelegenheit der Höhle macht sie zu einem guten Schmugglerversteck.

Nun sollen den Schwarzbrennern aber zwei aufmerksame Steuereintreiber auf die Schliche gekommen sein. Sie suchten mit einem Boot in der zweiten Kammer nach den Übeltätern. Die Steuereintreiber kenterten mit ihrem Ruderboot und ertranken in der Smoo Cave. Womöglich gerieten sie unter den Wasserfall und das Boot kippte um. Man fand allerdings nur die Leiche eines der beiden Steuereintreiber. Vom Zweiten fehlte jede Spur. So entstand die Legende, dass der zweite Steuereintreiber bis heute in der Höhle herumgeisterne.

Wenn Sie nun einmal die Smoo Cave besuchen und in einer der Kammern seltsame Geräusche hören, die Sie absolut nicht zuordnen können, dann sollten Sie nicht zu sehr erschrecken. Es ist vielleicht der Geist des vermissten Steuereintreibers, der nach dem Ausgang sucht.

Des Teufels Werk

Wenn Sie zur Smoo Cave kommen, erwartet Sie dort ein kleiner Parkplatz, von dem Sie den besagten, steilen Pfad zur Höhle hinabsteigen können. Der oberirdische Zufluss des Wasserfalls befindet sich allerdings ein paar Meter weiter auf der anderen Straßenseite der Landstraße. Eine kleine Brücke führt über den Trichter, in den sich der Fluss Allt Smoo in einer Kaskade in die Höhle ergießt. Dieser Ort ist selbst Teil einer Geschichte, die uns zu Donald McMurdo führt. McMurdo soll im 16. Jahrhundert 19 Menschen ermordet haben und sich hier der Leichen entledigt haben. Er warf sie durch die Deckenöffnung der Höhle in der Annahme, dass sie nie gefunden würden. McMurdo kannte die Geschichte vom hier lebenden Teufel und dem Eingang zur Unterwelt. Er ging davon aus, dass die umliegenden Bewohner den Ort mieden und es sich um ein sicheres Versteck handelte.

Übrigens, im Jahr 1814 besuchte der berühmte schottische Schriftsteller, Sir Walter Scott, die Smoo Cave im Rahmen seiner Tour in den Norden Schottlands. Er reiste per Schiff an und gelangte über die geschlungene Bucht vom Meer her zur Höhle. Ihm bot sich ein völlig anderer Blick auf die Höhle, als uns, die wir über die Landstraße A 838 gekommen und dann in die Bucht über den kleinen Pfad hinabgestiegen sind. Wenn Sie nun Lust haben, die Smoo Cave zu besuchen, haben Sie die Wahl. Sie können auf die herkömmliche Art über die A 838 kommen oder auf die von Sir Walter Scott.

Von Durness auf die Orkney Inseln

Wir lassen den durch die Decke gegangenen Teufel der Smoo Cave hinter uns und fahren an der Nordküste des schottischen Festlandes weiter auf der North Coast 500 nach Osten vornehmlich an der Küste entlang. Unser Ziel sind die Orkney Inseln an der Nordspitze Schottlands. Bereits nach kurzer Fahrzeit erreichen wir Loch Eriboll, einen tief ins Land einschneidenden Meeresarm. Ein schönes Fotomotiv im Loch Eriboll ist die kleine Halbinsel Ardneakie.

Im Jahr 1945 bot Loch Eriboll ein kurioses Bild. Nach Kriegsende sammelten sich hier 33 deutsche U-Boote, um sich, wie befohlen, der Royal Navy zu ergeben. Im Nu war die Bucht voll von deutschen U-Booten, die zuvor noch im Nordatlantik operiert und nach feindlichen Schiffen gesucht hatten. Im Rahmen der »Operation Deadlight« wurden die U-Boote später nördlich von Irland im Meer versenkt.

Unsere Fahrt führt uns über die Brücke des Kyle of Tongue entlang der auch hier dünn besiedelten, rauen Nordküste vorbei an zahlreichen traumhaften Sandstränden. Schottland scheint hier hoch oben im Norden nach jeder Straßenbiegung sein Aussehen zu ändern. Nachdem wir Thurso passiert haben, erreichen wir den »Ort« Gill's Bay, der ausschließlich aus einem Fähranleger besteht. Hier im Nordosten Schottlands sind die wilden Berge und zerklüfteten Buchten mit ihren leuchtend weißen Sandstränden Hochmooren und niedrigen Weiden gewichen.

Drei Fährverbindungen können uns auf die Orkneys bringen. Eine längere Fahrt führt von Scabster nach Stromness an der Westküste der Orkneys. Von O'Groats verkehrt eine Passagierfähre nach Burwick an der Südspitze von South Ronaldsay. Eine dritte Route führt von Gills' Bay nach St. Margret's Hope, ebenfalls auf South Ronaldsay gelegen, allerdings im Norden der kleinen Insel. Wir entscheiden uns für die drittgenannte Fähre von Gills' Bay, da sie in die Bucht von Scapa Flow einfährt.

Scapa Flow

Als erstes fällt uns bei den Orkneys die große natürliche Bucht, Scapa Flow, auf, die von der Hauptinsel Mainland und den Inseln Burray, South Ronaldsay, Flotta und Hoy eingerahmt wird. Bereits die Wikinger sollen die geschützte Bucht mit ihren zahlreichen Ein- und Ausfahrten im 13. Jahrhundert zum Ankern ihrer Schiffe genutzt haben. Die Royal Navy nutzte Scapa Flow sowohl im Ersten als auch im Zweiten Weltkrieg als Stützpunkt ihrer großen Flotte. Zu ihrem Schutz wurden Bunker mit Geschützstellungen, Beobachtungstürme, Flugabwehrbatterien und Kasernen errichtet, und im Meer trieben Minengürtel und U-Bootnetze. Auf unserem Weg nach St. Margret's Hope fahren wir an zahlreichen Relikten dieser Zeit vorbei.

Nach der Kapitulation des Deutschen Kaiserreichs am Ende des Ersten Weltkriegs wurde die deutsche Hochseeflotte in Scapa Flow interniert. Am 21. Juni 1919 versenkten die verbliebenen Notbesatzungen auf Befehl von Konteradmiral Ludwig von Reuter sämtliche 74 Schiffe, damit sie den Briten nicht in die Hände fallen konnten: Fast gleichzeitig öffneten die Matrosen die Seeventile und verließen mit den Rettungsbooten ihre sinkenden Schiffe – unter den verblüfften Blicken ihrer britischen Bewacher. Ein Großteil der Wracks wurde in den darauffolgenden Jahren gehoben und abgewrackt. Sieben Schiffe blieben jedoch am Grund der Bucht von Scapa Flow. Heute ist der Schiffsfriedhof bei Tauchern trotz des kalten Wassers sehr beliebt.

Churchill Barriers

Auch im Zweiten Weltkrieg kam es in der Bucht von Scapa Flow zu einem Ereignis, das weitreichende Folgen für die Inseln der Bucht hatte. Zum Schutz der britischen Flotte wurden an bestimmten Stellen zwischen den östlichen Inseln von Scapa Flow Frachtschiffe versenkt, um die Fahrrinne zu blockieren. Deutsche U-Boote sollten so am Eindringen in die Bucht gehindert werden.

In der Nacht vom 13. auf den 14. Oktober 1939 gelang es dem deutschen U-Boot U-47 unter dem Kommando von Kapitänleutnant Günther

Prien jedoch, sich über Wasser an einem dieser Speerschiffe vorbei zu manövrieren und in Scapa Flow das britische Schlachtschiff Royal Oak zu torpedieren. Nachdem es die Royal Oak mit 833 Mann versenkt hatte, gelang dem U-Boot unversehrt die Flucht aus der Bucht. In Folge dessen versenkte die britische Armee an den östlichen Zugängen der Bucht feste aus Beton gegossene Barrieren, sogenannte »Churchill Barriers« und versperrte damit vollends die Durchfahrt zwischen den Inseln.

Auf einer dieser Inseln, Lamb Holm, waren italienische Kriegsgefangene interniert. Sie errichteten aus einer der typischen halbrunden Baracken eine Kirche. Die italienische Kapelle (Italien Chapel) ist heute auf den Orkneys eine bekannte und vielbesuchte Sehenswürdigkeit.

Über die als Dämme aufgeschütteten »Churchill Barriers« führen asphaltierte Straßen. Von St. Margret's Hope auf South Ronaldsay können wir trockenen Fußes bequem über die Inseln Burray, Glimps Holm, Lamb Holm nach Kirkwall auf der als Mainland bezeichneten großen Hauptinsel der Orkneys fahren.

Die Orkneys umfassen insgesamt 70 Inseln, 17 von ihnen sind von rund 22.000 Menschen bevölkert und über Brücken oder mit Fähren und Flugzeugen erreichbar. Müsste ich die Orkneys mit einem Satz charakterisieren, würde ich sie als schroffe, vom Wind und Wetter zerzauste Schönheit an der Nordspitze des schottischen Festlands beschreiben.

Kirkwall ist mit 7.000 Einwohnern der Hauptort von Mainland. Der Einfluss der Wikinger ist auf den Orkneys auch heute noch spürbar. Die Menschen legen hier wert auf ihre nordische Identität. Im 8. Jahrhundert tauchten die Wikinger erst mit gelegentlichen Überfällen und Raubzügen auf, dann kamen sie, um zu bleiben. Das hatte unter anderem zur Folge, dass die ursprünglichen piktischen Ortnamen fast vollständig von norwegischen verdrängt wurden. Erst seit 1469 gehören die Orkneys zu Schottland. König Christian I. von Dänemark, Norwegen und Schweden übergab die Orkneys – und gleich auch noch die Shetlands – als Mitgift für seine Tochter Prinzessin Margarethe an den schottischen König Jakob III.

Ba'Game

Der Bishop's Palace und die danebenliegende St.-Magnus-Kathedrale aus dem 12. Jahrhundert prägen das Zentrum von Kirkwall. Wenn Sie zufällig an Weihnachten oder Silvester in Kirkwall sind, dann können Sie am Platz vor der Kathedrale am »Mercat Cross« ein besonderes Schauspiel verfolgen. Dann wird das Jahrhunderte alte Ballspiel Ba'Game gespielt. Eigentlich liebenswerte Orcadier (Einwohner der Orkneys) lassen dem Wikinger in sich dann freien Lauf. Die Regeln sind recht einfach, denn es gibt kaum welche. Zwei Mannschaften, die Uppies und die Doonies versuchen, ein Tor zu erzielen. Grob gesagt eine Art Rugby mit rund 200 bis 300 Spielern, die sich durch die engen Gassen von Kirkwall drängen. Die Mannschaftszusammensetzung ergibt sich aufgrund des Wohnortes. Lebt man in der Straße, die vom Platz aufwärts führt, spielt man für die Uppies, kommt man aus der abwärts führenden, spielt man eben für die Doonies. Beide Teams werden durch andere Orcadier ergänzt, die mit einer der beiden Mannschaften sympathisieren, oder mit deren Mitgliedern befreundet oder verwandt sind. »Anpfiff« ist um 13:00 Uhr. Die Kirchturmuhr gibt das Signal. Die Uppies haben das Spiel gewonnen, wenn der Ball eine bestimmte Hauswand an der Main Street berührt. Die Doonies gewinnen, wenn der Ball im Hafenbecken von Kirkwall landet. Ist der Ball erstmal im Spiel, ist das Chaos perfekt. Es wird geschubst, schnell bildet sich ein Knäuel, der sich unter lautem Johlen und Schreien durch die Straßen schiebt. Mal in die eine, mal in die andere Richtung. Es gibt Schürfwunden, und die eine oder andere Nase wird ramponiert. Ein Zeitlimit gibt es nicht. So kann ein Spiel leicht mehrere Stunden dauern.

Wenn nun beim Lesen auch in Ihnen der Wikinger durchgekommen ist, können Sie sich überlegen, auch selbst einmal daran teilzunehmen, aber Vorsicht, Sie spielen auf eigene Gefahr…

The Heart of Neolithic Orkney

Wir verlassen Kirkwall und fahren auf der Landstraße A 965 in westlicher Richtung. Nach 15 Kilometern sehen wir rechts im Feld einen überdimensionalen, mit Gras bewachsenen Maulwurfshügel, sieben Meter hoch, 35 Meter Durchmesser. Und der hat eine Geschichte zu erzählen…

Wee Story 19: Maes Howe – Wikingergraffiti

Schottlands Pyramiden

Einigen bedeutenden jungsteinzeitlichen Kulturdenkmalen der Orkney-Inseln wurde 1999 unter dem Sammelbegriff »The Heart of Neolithic Orkney« der Status eines UNESCO-Weltkulturerbes zugesprochen. Die Hauptattraktionen des rund 5.000 Jahre alten Ensembles sind neben zwei Steinkreisen eine Siedlung und eine Grabanlage. Von den Standing Stones of Stennes, dem wahrscheinlich ältesten Steinmonument dieser Art in Großbritannien, sind lediglich vier von vermutlich ehemals zwölf Steinplatten erhalten; in dem riesigen Steinkreis Ring of Brodgar – er ist größer als Stonehenge – stehen noch immerhin 27 von 60 Steinen aufrecht.

In der Nähe befindet sich auch die Ausgrabungsstätte Ness of Brodgar, sie liegt auf einer von zwei Seen umgebenen schmalen Landzunge zwischen den beiden genannten Steinkreisen. Seit einigen Jahren gräbt hier ein Team von Archäologen wenige Wochen im Sommer auf einer Wiese prähistorische Grundmauern von Gebäuden aus, die möglicherweise Kultzwecken dienten – und ein Ende ist noch nicht in Sicht. Den Rest des Jahres bedecken mit alten Autoreifen beschwerte Planen die

Grabungsstelle und schützen sie vor dem schottischen Wetter. Etwas entfernt an der Westküste der Insel liegt in der Bucht von Skaill die Siedlung Skara Brae. Im Jahr 1850 legte ein Sturm das bemerkenswert gut erhaltene steinzeitliche Dorf frei.

Die Grabanlage Maes Howe, um die es in dieser Geschichte geht, komplettiert das Weltkulturerbe. Maes Howe wird, wie ich finde, völlig zu Recht mit den ägyptischen Pyramiden verglichen, die es zu dieser Zeit allerdings noch gar nicht gab. Wenn Maes Howe auch deutlich kleiner ist als eine ägyptische Pyramide, so zeigt sie doch, welche fortschrittliche Kultur seinerzeit auf den Orkney Inseln vorherrschte.

Das Hügelgrab

Von der Landstraße A 965 aus betrachtet ist die neolithische Grabkammer Maes Howe ein runder, grasbewachsener Erdhügel, der es sprichwörtlich in sich hat. Von der flachen Landschaft hebt er sich deutlich ab und ist schon von Weitem erkennbar. Wir fahren auf der Landstraße daran vorbei und lassen ihn erstmal rechts liegen. Nach kurzer Fahrzeit gelangen wir zum dazugehörigen Besucherzentrum links der Straße. Maes Howe kann ausschließlich im Rahmen einer Führung besichtigt werden.

Ein kleiner Bus fährt uns und eine Führerin das kurze Stück auf der Landstraße zurück zu einer ehemaligen Mühle, der Tormiston Mill. Wir überqueren dort die Straße und gehen durch ein Viehgatter. Umgeben von Wiesen und Weiden führt uns ein kurzer Fußweg zum Hügelgrab. Es ist von einem Graben eingefasst. Wahrscheinlich nutzte man dessen Aushub zum Abdecken des Grabhügels.

Eine Reise in die Vergangenheit

Der Eingangsbereich sieht aus, als hätte jemand ein Tortenstück aus dem 35 Meter großem Hügelgrab geschnitten. Die Flanken des Eingangs sind mit Steinmauern ausgekleidet. Fenster oder andere Öffnungen gibt es nicht. Der Grabhügel ist vollends mit Gras bewachsen und wirkt wie der Zugang zu einer anderen Welt. Gebückt gehen wir die zehn Meter durch den einen Meter hohen Eingangsstollen. Als ich mich in der großen Grabkammer wieder aufrichtete, fühlte ich mich, als wäre ich durch einen Zeittunnel gegangen, vom hier und jetzt zurück in die Zeit, als die Grabkammer gebaut wurde, ca. 3.000 Jahre vor Christus.

Wir stehen in einer großen Kammer (4,70 Meter x 4,70 Meter) mit drei kleinen in die Wände eingelassenen Nischen in etwa einem Meter Höhe, die durch Steinblöcke verschlossen werden konnten. Unsere etwa 20-köpfige Besuchergruppe hatte locker Platz darin, ohne wirklich gedrängt zu stehen. Die Grabkammer ist aus großen, zum Teil Tonnen schweren, flachen Sandsteinplatten aus lokalen Steinbrüchen in Trockenbauweise erbaut worden. Die Baumeister ihrer Zeit verstanden es perfekt, ganz ohne Mörtel den Innenraum mit einer speziellen Technik des Anordnens und Schichtens von Steinplatten absolut trocken zu halten und das typische nasse schottische Wetter auszusperren – auch nach fast fünftausend Jahren funktioniert das noch wunderbar. Außen pfeift der Wind, innen ist es still und geheimnisvoll. Nach oben hin sind die Steinplatten zunehmend enger gelegt, so dass sich eine kuppelförmige sieben Meter hohe Decke ergibt. Aufgrund der Deckenhöhe wirkt die Kammer alles andere als erdrückend. Auf die Steinplatten schütteten die Erbauer Erde, wodurch Maes Howe seine charakteristische, halbrunde Form bekam.

Wenn das Licht ausgeht, beginnt die Magie

Als die enthusiastische junge Führerin von Maes Howe das Licht löschte und ihre Taschenlampe einschaltete, begann die Magie. Im Lichtkegel erstrahlte die Kammer in einem hellen Ockerton und offenbarte ihr wahres Geheimnis. Wie von Zauberhand erschienen zahlreiche in den Stein geritzte Inschriften. Je mehr sich unsere Augen an das spärliche Licht gewöhnt hatten, umso mehr Runen tauchten an den Innenwänden der Grabkammer auf.

Wikingergraffiti

So, und was hat diese Grabkammer nun mit Graffiti und Wikingern zu tun, wie uns die Überschrift weismachen will? – Um das zu klären, gehen wir zurück in die Mitte des 12. Jahrhunderts. Maes Howe war nun schon eine betagte Grabkammer und wurde wohl schon nicht mehr als solche genutzt. Es war Winter, kurz nach Weihnachten, und ein heftiger Schneesturm fegte mehrere Tage über die Orkneys hinweg. Da war der Grabhügel von Maes Howe für eine Truppe von 100 Kreuzrittern aus Norwegen – Nachfahren der Wikinger – eine willkommene Gelegenheit, um Schutz zu suchen, so berichtet es die Orkney Saga. Vom Schneesturm überrascht, brachen sie ein Loch in die Decke und stiegen in das Grab. Sie nutzten nicht den Weg durch den Eingangstollen, denn der war vermutlich damals durch schwere Steine versperrt. Dicht gedrängt standen die Nordmänner nun und warteten auf besseres Wetter.

I was here

So, und was machen die hartgesottenen Wikinger, um sich die Zeit zu vertreiben? – Einer muss irgendwann ein Messer, ein Schwert oder eine Axt gezogen und begonnen haben, damit in den weichen Sandstein zu ritzen. Damals waren Runen die Art, sich schriftlich verständlich zu machen. Nach und nach müssen sich ihm Kameraden angeschlossen haben, und schnell waren sie dabei, sich in der Grabkammer zu verewigen. Die Wikinger scheinen sich hier richtig ausgetobt zu haben. Genügend Zeit hatten sie während des Sturms ja. Auf die ganze Grabkammer verteilt finden sich 33 Runenritzungen, vorwiegend Namen. Manche verewigten sich im Sinne von »I was here«, wie »Ofram Sigurdsson ritzte diese Runen« oder »Amfinn, Sohn des Steinn, ritzte diese Runen.« Daneben finden sich auch längere, zum Teil zotige Inschriften. Einer äußerte seine Meinung über die schöne Witwe Ingeborg, ein anderer brüstete sich damit, an der höchsten Stelle in der Höhle seinen Namen eingeritzt zu haben – und so weiter. Wieder andere Einritzungen erwähnen einen hier vorgefundenen Schatz. Gesicherte Informationen darüber ließen sich aber nicht finden. Neben den zahlreichen Inschriften an allen vier Wänden wurden auch Tierzeichnungen gefunden. Die eindrucksvollste zeigt einen Drachen, den sogenannten Maes Howe Dragon. Er zählt heute zu den beliebten Schmuckmotiven auf den Orkneys. Daneben wurden auch Bilder einer Schlange und eines Wolfes gefunden.

Ohne es zu wissen, hinterließen die Wikinger mit den eingeritzten Runen den größten Schatz für uns. Es ist die bislang größte bekannte und eindrucksvollste Sammlung von Runeninschriften in ganz Europa. Im

Jahr 1861 wurde Maes Howe von einem Team des Hobby-Archäologen James Farrer erstmalig untersucht, dabei erfasste man auch die Inschriften. Alle drei bisher bekannten Runenschriftvarianten – Normalschrift und die verschlüsselten Zweig- und Baumrunen – sind in Maes Howe gefunden worden.

Alle Jahre wieder

Zur Wintersonnenwende, am 21. Dezember, bietet Maes Howe ein besonderes Spektakel. Die Baumeister richteten nämlich die Grabkammer vor 5000 Jahren bereits mit einer so großen Präzision nach dem Stand der Sonne aus, dass an diesem Tag bei Sonnenuntergang ihre Strahlen exakt durch den langen Eingangstunnel fallen und die Rückwand der Kammer beleuchten. Sollten sie es mal nicht am 21. Dezember nach Maes Howe schaffen, dann können sie das Spektakel auch bequem im Internet auf der Homepage von Maes Howe anschauen.

Elvis und die Außerirdischen

Neben sinnvollen und logischen Erklärungen wurde im Laufe der Zeit auch so manche kuriose Erklärung für die Entstehung und Nutzung von Maes Howe geliefert. Wenn Sie ein großer Elvis-Fan waren oder es immer noch sind, dann könnte Ihnen die nachfolgende skurrile Interpretation gefallen. Angeblich hätte Elvis Presley das Grab errichtet. Darin hätte er die perfekte Akustik zum Singen seiner Lieder vorgefunden.

Andere glauben, dass es den Bewohnern der Orkneys vor 5.000 Jahren schlicht unmöglich gewesen sein musste, Maes Howe zu erschaffen. Schlussendlich müssten hier Außerirdische mit helfender Hand, oder was auch immer, nachgeholfen haben.

Zurück in die Gegenwart

Beim Rückweg durch den Zugangsstollen kehren wir wieder zurück in unsere Welt des 21. Jahrhunderts. Mit dem Sonnenlicht ist auch die Magie von Meas Howe verflogen, aber es bleibt der nachhaltige Eindruck eines unerwarteten Erlebnisses hier hoch oben im stürmischen Norden Europas.

Von den Orkneys auf die Shetlandinseln

Wir verlassen nun die Orkneys. Unser Weg führt uns noch ein Stück weiter zum nördlichsten Außenposten Schottlands: zu den Shetlandinseln. Um dorthin zu gelangen, können wir das Flugzeug von Kirkwall nach Sumburgh oder die Fähre von Kirkwall nach Lerwick nehmen. Auf halbem Weg von den Orkneys kommend passieren wir die kleine, abgelegene Insel Fair Isle.

Die Shetlands liegen auf dem 60. Breitengrad und damit etwa auf gleicher Höhe wie die Südspitze Grönlands und Oslo in Norwegen etwa gleich weit vom britischen Festland und Norwegen entfernt, dort wo der Nord-Atlantik, die Nordsee und die norwegische See zusammenfließen. Insgesamt bestehen die Shetlands aus etwas mehr als 100 Inseln, von denen allerdings nur 16 bewohnt sind. Aufgrund der wirtschaftlichen Bedeutung der Offshore-Ölförderung in den nahen Seegebieten leben ihre 22.000 Bewohner im Vergleich zu denen anderer Regionen Schottlands in relativem Wohlstand.

Die Hauptstadt Lerwick bildet mit ihren rund 7.000 Einwohnern das lebendige und kulturelle Herz der Inselgruppe und ist meist der erste touristische Anlaufpunkt. Die preisgekrönte Krimi-Autorin Ann Cleeves lässt hier den Polizisten Detective Inspector Jimmy Perez und sein Team spannende Mordfälle lösen – wenngleich die Shetlands in der Realität eine der niedrigsten Kriminalitätsraten weltweit aufweisen.

Das ozeanische Klima sorgt aufgrund des nordatlantischen Wetters für ein relativ mildes, aber windiges und feuchtes Wetter mit geringen durchschnittlichen Temperaturunterschieden, sprich, die Temperaturen bewegen sich von etwa 6 Grad Celsius im Januar bis etwa 15 Grad im Juli und August. Eine winddichte Kleidung ist also absolut sinnvoll. Die

Winter sind aufgrund der nördlichen Lage lang und dunkel, aber mild und im kurzen Sommer scheint die Sonne niemals unterzugehen.

Auf waldlosen Hügeln und Tälern finden Sie hier eine einzigartige Tier- und Pflanzenwelt vor, ein wahres Paradies für Vogelliebhaber. Von den etwa 450 auf den Sheltlands vorkommnden Vogelarten brüten allerdings nur etwa siebzig. Die Shetlands sind bekannt für ihre zahlreichen Zugvogelarten, die im Frühling und im Herbst auf ihrem Weg in die Sommer- beziehungsweise Winterquartiere Station machen. Immer wieder schön anzusehen sind die mitunter etwas tollpatschig wirkenden Papageitaucher (Puffins) mit ihren bunten Schnäbeln und großen orange leuchtenden Schwimmfüßen.

Die größte Shetlandinsel heißt Mainland. Wenn Ihnen der Name jetzt irgendwie bekannt vorkommt, dann liegen Sie richtig. Auch auf den Orkney-Inseln haben die Schotten ihre Hauptinsel so genannt.

Von Lerwick führt uns unser Weg ins westlich gelegene, zehn Kilometer entfernte Hafenstädtchen Scalloway. An der Hafenpromenade in der Main Street steht ein steinernes Denkmal, in das eine Bronzetafel mit der Aufschrift »SHETLAND BUS 1940-1945« eingelassen ist; auf seiner Spitze befindet sich die Nachbildung eines auf den Wellen tanzenden Fischerbootes. Was es mit dieser besonderen Busverbindung auf sich hat, erzählt uns unsere nächste Geschichte.

Wee Story 20: Der Shetland Bus – Nächste Haltestelle Norwegen

Unter dem Decknamen »Unternehmen Weserübung« überfiel die Wehrmacht am 9. April 1940 das neutrale, auf den Krieg unvorbereitete Norwegen. König Haakon VII. und die norwegische Regierung flohen daraufhin nach London ins Exil und die Wehrmacht stationierte 300.000 Soldaten in Norwegen. Schnell begannen die Soldaten damit, die lange norwegische Küste mit Beobachtungsposten und Artillerie zu sichern. Auch die Bewegungen der einheimischen Fischerboote wurden stark reglementiert. Das Fischen war nur noch in einer 50 Meilenzone um Norwegen erlaubt. Weitreichende Patrouillenflüge der Luftwaffe und Sicherungsfahrzeuge der Marine sollten dies kontrollieren.

Während der Invasion Norwegens waren Fischerboote auf See, die nun nicht mehr mit ihren Crews nach Norwegen zurückkehrten. Etwa 5.000 Norweger flohen Wochen und Monate später mit weiteren Fischerbooten, viele von ihnen auf die Shetland-Inseln. Einige dieser Boote sollten schon bald wieder nach Norwegen zurückkehren oder besser gesagt, immer mal wieder.

Die schottischen Shetlands liegen geographisch ungefähr auf der Höhe von Bergen in Norwegen, und sind von diesem durch 360 Kilometer Nordsee getrennt. Da die britische Regierung mit Beginn des Krieges die militärische Präsenz auf den Shetlands massiv ausgebaut hatte, überstieg die Anzahl der Soldaten, es waren bald rund 20.000, schnell die der einheimischen Bevölkerung. Die Bewegungen von Schiffen, Flugzeugen, Flugabwehrbatterien und Artilleriegeschützen sorgten für reges Treiben. Es dauerte nicht lange und es kam zu einem geheim operierenden Schiffsverkehr zwischen den Shetlands und Norwegen.

Der Bus fängt an zu fahren

Für die ersten, noch eher improvisierten Fahrten nach Norwegen im Jahr 1940 standen den Besatzungen die bei der Flucht mitgebrachten Fischerboote zur Verfügung. Es dauerte allerdings nicht lange und Anfang des Jahres 1941 war der Shetland Bus zu einer gut organisierten und koordinierten Operation mit einem ausgeklügelten Pendelverkehr geworden.

Norwegische Widerstandsgruppen sollten mit Waffen und Ausrüstung versorgt werden. Von Shetland kamen Agenten, Saboteure und Funkausrüstung ins besetzte Norwegen, von dort Informationen und Flüchtlinge nach Shetland. Ganz entscheidend aber war, dass der Shetland Bus Hoffnung transportierte. Jeder Norweger wusste von seiner Existenz. Er gab den Norwegern das Gefühl, nicht gänzlich vom Rest der Welt abgeschnitten zu sein. Bis zum Ende des Krieges rettete der Shetland Bus über 300 Flüchtlinge. Im Gegenzug wurden bei insgesamt 210 Operationen 400 Tonnen an Kriegsgütern nach Norwegen gebracht.

Die Shetland-Gang

Die Shetland-Gang gehörte offiziell zu einer britischen Geheimdiensteinheit, der Special Operations Executive (SOE). Deren Aufgabe bestand in Sabotageaktionen hinter den feindlichen Linien und in der Unterstützung lokaler Widerstandsgruppen in von der Wehrmacht besetzten Ländern.

Wer waren nun die Männer, die als die Shetland-Gang bekannt wurden? – Es waren geflohene Norweger, Freiwillige, die jederzeit hätten gehen können, keine ausgebildeten Soldaten. Die Fischerboote wurden von ortskundigen, norwegischen Besatzungen, oft ehemaligen Fischern, gesteuert. 44 Männer der Shetland-Gang bezahlten ihren Einsatz mit dem Leben. Der SOE beeinflusste nach dem Ende des Zweiten Weltkriegs den neu gegründeten britischen MI6. James Bond lässt grüßen…

Winterfahrplan

Die Fahrten ins besetzte Norwegen fanden hauptsächlich im Winter und bei schlechtem Wetter statt – und das ganz bewusst. Denn im Sommer sind die Tage so hoch im Norden Europas einfach zu lang, nur die Dunkelheit langer Winternächte, Sturm und Nebel sorgten für ausreichenden natürlichen Schutz.

Ein Trip über die unberechenbare Ödnis von Nordsee und Nordatlantik dauerte normalerweise fünf Tage und fünf Nächte, und das bei arktischen Bedingungen. Manche Überfahrt nahm auch auch drei Wochen in Anspruch. Es muss eine ziemliche Herausforderung für Boote und Mannschaften gewesen sein. Es war nicht immer klar, wer der größere Feind war, die deutsche Luftwaffe mit ihren schnellen Jagdflugzeugen, die Marine mit ihren Patrouillenschiffen oder das stürmisch-kalte Wetter mit hohen Wellen. Hinzu kam, dass die Einsätze vor der norwegischen Küste im Dunklen stattfinden mussten, damit man im Verborgenen blieb.

Da Shetland baumlos ist, hatten die Boote im Dezember auf dem Rückweg vom besetzten Norwegen eine besondere Fracht an Bord. Dort, wo normalerweise tonnenweise gefangener Fisch und andere Meerestiere verstaut wurden, lagerten jetzt Tannenbäume. So kam es, dass zahlreiche Weihnachtsbäume, die in Norwegen geschlagen wurden, an Weihnachten in den Häusern auf den Shetlands leuchteten.

Zwischen den materialzehrenden Fahrten mussten die Boote gewartet oder repariert werden. Mit zunehmender Anzahl der Operationen ergab sich allerdings das Problem, dass für die norwegischen Diesel-Motoren keine Ersatzteile zu bekommen waren, zumindest nicht in Großbritannien. Eine norwegische Motorenfabrik, die geeignete Diesel-Motoren herstellte, befand sich in Bømlo und stand zu dieser Zeit unter deutscher Kontrolle. Die Lösung des Problems bestand darin, dass dort auch Angehörige des norwegischen Widerstands arbeiteten. Diese erhielten von

Zeit zu Zeit eine Bestellung der besonderen Art und schmuggelten dann die benötigten Ersatzteile aus der Fabrik. In einem der nächsten Shetland Busse wurden die Original-Teile nach Scalloway gebracht, wo sie schon sehnlichst erwartet wurden.

Ein sicherer Hafen

Ursprünglich fuhr der Shetland Bus von Lerwick aus. Es zeigte sich aber, dass der Ort für eine langfristige Geheimoperation völlig ungeeignet war. Lerwick war einfach zu geschäftig. Zudem befürchtete man dort feindliche Spione. Folglich zog die SOE mit der Shetland-Gang ins abgelegene Lunna um, das sich an der nordöstlichen Küste der Shetlands befindet. Ein auf den ersten Blick perfekter Ort für eine geheime Operation. Lunna bestand aus lediglich einem großen alten Haus, einem Pier und einem perfekten Ankerplatz in einer Bucht. Schnell kam allerdings das große ABER. Die oftmals stark beschädigten Boote konnten dort wegen fehlender Infrastruktur nur unzureichend repariert werden. Hinzu kam, dass Lunna kaum gegen befürchtete deutsche Luftangriffe zu verteidigen war. 1942 entschied man sich deshalb, nach Scalloway weiterzuziehen.

Mit Scalloway war der perfekte Ort gefunden. Es gab einen Hafen und eine Werft, die in der Lage war, die Boote zu reparieren. Die lokale Bevölkerung stellte sich zudem als verschwiegen heraus. Und man hatte, neben Unterkünften in ausreichender Zahl, Anschluss an die Bevölkerung, was für die Crews wichtig war, wenn sie von gefährlichen Einsätzen zurückkehrten und Zerstreuung suchten.

Hessa, Hitra und Vigra

Die Operation verlief nicht immer erfolgreich. Der Winter 1942 war besonders streng. Hinzu kam, dass die Verluste bis dahin dramatisch angestiegen waren. Es war nur eine Frage der Zeit gewesen, bis die Wehrmacht von den heimlichen Fahrten erfahren hatte und dagegen vorging. 44 Mitglieder der Shetland-Gang waren getötet worden und acht Boote bei den gefährlichen Einsätzen verloren gegangen. Die Fischerboote waren zwar so gut es ging mit Maschinengewehren bewaffnet worden, bei gutem Wetter waren sie allerdings trotzdem eine leichte Beute für die stark bewaffneten Jagdflugzeuge der Luftwaffe. War ein Fischerboot erst einmal so stark beschädigt, dass es zu sinken drohte, gab es oftmals keine Möglichkeit, die Besatzungen zu retten. Leistungsstärkere Boote als die etwa 9 Knoten (17 km/h) langsamen Fischerboote waren nötig, um den Kampf erfolgreich weiterzuführen.

Der amerikanische Admiral Nimitz erkannte die prekäre Lage. Im Herbst 1943 stellte die US Navy drei umgebaute, 30 Meter lange U-Boot-Jäger namens Hessa, Hitra und Vigra zur Verfügung. Die Schiffe waren mit einer guten Flugabwehr ausgestattet und dank ihrer starken Motorisierung schnell, aber auch deutlich komplizierter in der Handhabung als die vertrauten Fischerboote. Die neuen Boote vereinfachten die gefährlichen Einsätze, in den letzten beiden Kriegsjahren führten sie 116 Fahrten durch. Von da an war kein einziges Opfer mehr unter den Besatzungen zu verzeichnen.

Übrigens, den Geschwindigkeitsrekord des Shetland Bus stellte Ingvald Eidsheim mit der Hitra auf. Er schaffte die Strecke Scalloway Norwegen und zurück in gerade einmal 25 Stunden. Heute ist die Hitra ein Museumsschiff, das an den Shetland-Bus erinnert.

Shetland Larsen

Es muss schon einiges an Mut dazu gehört haben, mit den unscheinbaren, kleinen Fischerbooten unter den gefährlichen Bedingungen den Kampf aufzunehmen und fünf Jahre lang zu führen.

Der Norweger Leif Andreas Larsen ist der wohl bekannteste Kapitän des Shetland Bus, er wurde unter dem Namen »Shetland Larsen« zur Legende. 1941 floh er aus dem besetzten Norwegen, um dem britischen Special Operations Executive auf den Shetlands beizutreten. Insgesamt fuhr er den Shetland Bus beeindruckende 52 mal. Er erhielt als Marineoffizier zahlreiche hohe Auszeichnungen für tapferes Verhalten von der britischen und der norwegischen Armee.

Im Jahr 1943 wurde sein Boot während eines Einsatzes auf dem Rückweg nach Scalloway von zwei deutschen Jagdflugzeugen entdeckt und beschossen. Sechs der acht Besatzungsmitglieder wurden dabei verwundet, einer von ihnen starb später. Das Boot war so schwer beschädigt, dass sich Larsen und seine Männer in das Rettungsboot begeben mussten. Vier Tage später wurden sie von einem britischen Torpedoboot aufgelesen und sicher nach Scalloway zurückgebracht. In seinem Geburtsort, im norwegischen Bergen, wurde ihm zu Ehren eine Statue errichtet. Hoch dekoriert starb Larsen dort im Jahr 1990.

Das Denkmal

Zu Ehren der Männer der Shetland-Gang wurde 2003 im Hafen vor Scalloway in der Main Street das Shetland Bus Memorial in Form eines runden kleinen Steinturms errichtet. Auf vier Plaketten stehen die 44 Namen der getöteten Männer des Shetland Bus. Die hier verwendeten Steine stammen aus den Heimatorten der getöteten Crew-Mitglieder. Auf der Spitze des Denkmals befindet sich das Modell eines Fischerbootes auf einer Welle.

Der Shetland Bus verbindet

Was passiert, wenn viele Menschen längere Zeit eng aufeinander leben? – Sie lernen sich kennen und mitunter verliebt sich der eine oder die andere. So war es auch mit den norwegischen Männern der Shetland-Gang und einheimischen Frauen. Die schottisch-norwegische Sprachbarriere war da schnell überwunden. Zwischen den gefährlichen Einsätzen traf man sich und die Dinge nahmen ihren Lauf, manchmal sogar bis zum Traualtar. Während der fünf Jahre, in denen der Shetland-Bus fuhr, wurden 20 Ehen geschlossen.

Nach Ende des Krieges wurden über das heldenhafte Verhalten der Shetland-Gang zahlreiche Bücher geschrieben und Filme gedreht. 1954 entstand in den USA der schwarz-weiß gedrehte Film mit dem Titel »Suicide Mission«. Darin spielten mehrere Mitglieder der Shetland-Gang einfach sich selbst – unter anderen Leif Larsen – und erzählen darin ihre Geschichte.

Von Scalloway nach Unst

Wir bleiben auf den Shetlands und fahren auf die Insel Unst. Sie ist die nördlichste bewohnte Insel im Vereinigten Königreich.

Wir verlassen also Scalloway und fahren über die Landstraßen A 970 und A 968 nach Norden bis zum Fähranleger von Toft. Dort beginnen wir mit dem Inselhopping und setzen zunächst von Mainland nach Ulsta auf der Insel Yell über und nehmen dann, nachdem wir Yell in nordöstlicher Richtung durchquert haben, die nächste Fähre von Gutcher nach Belmont auf Unst.

Unst gehört zu den Flecken Schottlands, die Reisende ganz sicher nicht zufällig besuchen. Dafür sind die Shetlands zu abgelegen und auch die Anzahl an Übernachtungsmöglichkeiten ist, bedingt durch die dünne Besiedelung, überschaubarer als in anderen Landesteilen Schottlands. Warum reisen wir also nach Unst?

Unst zeichnet sich durch viel Wind, wenige Menschen und ein Bushäuschen aus, das eine der bekanntesten Sehenswürdigkeiten Schottlands ist. Es befindet sich auf der Landstraße A 968 zwischen Baltasound und Haroldswick und steht einsam in einer Kurve. Wie es zum wohl berühmtesten Bushäuschen der Welt wurde, erzählt uns die folgende Geschichte.

Wee Story 21: Bobby's Bus Shelter

Alles begann 1996 mit dem damals sieben Jahre alten Bobby. Er war einer von drei Fahrgästen, die regelmäßig an der Haltestelle auf den Bus warteten. Bobby verließ jeden Morgen das Haus, setzte sich auf sein Fahrrad, fuhr damit zur Bushaltestelle und von dort aus weiter mit dem Bus zur Schule. Nachmittags nach der Schule absolvierte er das Prozedere in umgekehrter Reihenfolge.

Im Winter riss ein heftiger Sturm das Dach der Haltestelle ab und brachte damit Bobbys gewohnte Routine völlig durcheinander. Denn die Kommunalverwaltung demontierte aus Sicherheitsgründen auch den vom Sturm übrig gelassenen traurigen Rest, allerdings ohne ein Ersatzhäuschen zu errichten. Sehr zum Nachteil von Bobby und den anderen beiden treuen Fahrgästen, die hier zu- und ausstiegen.

Vielleicht dachte man von offizieller Seite, dass man sich die Kosten für die wenigen Fahrgäste sparen könnte. – Aber da hatte man die Rechnung ohne den kleinen Bobby gemacht!

Der Leserbrief

Bobby war nun morgens dem Wind und Regen schutzlos ausgeliefert. Er fror, wurde nass und war davon überhaupt nicht begeistert. Dabei muss ihm wohl der Gedanke gekommen sein, dass er Unterstützung brauchte, wenn er ein neues Bushäuschen haben wollte. Somit schrieb er mit seinen besagten sieben Jahren einen Leserbrief, der in der »Shetland Times« veröffentlicht wurde und offensichtlich seine Wirkung nicht verfehlte. Es dauerte nicht lange, da veranlasste die örtliche Verwaltung, ein neues Bushäuschen zu errichten: Typ Standard-Wartehaus mit Glasscheiben und rotem Rahmen. Bobby konnte von nun an wieder vor Wind und Regen geschützt auf den Bus warten.

Bobby war zwar weiterhin nur einer von wenigen Nutzern der Haltestelle, aber seit seinem Leserbrief eben ein ziemlich bekannter. Durch seine öffentlichkeitswirksame Aktion hatte sich kurze Zeit später nämlich noch etwas verändert. Plötzlich standen, wie aus dem Nichts, eines Morgens ein Sofa und ein Tisch im Bushäuschen. Mit der Zeit schmückten die umliegenden Anwohner es immer weiter aus. An Wartekomfort sollte es seither nicht mehr mangeln.

Die Einrichtung

Seit 2002 wird das Bushäuschen jährlich unter einem neuen Motto dekoriert, es ist immer sorgfältig und stilvoll gestaltet. Es gab Jahre, in denen Farbschwerpunktsetzungen die Einrichtung dominierten, 2007 war es gelb, 2008 blau, 2009 erstrahlte es in pink. Hinzu kamen Themensetzungen wie Afrika 2005, Weltraum 2006 oder die Fußball-Weltmeisterschaft 2010, Nelson Mandela 2014 und das 70. Thronjubiläum der Queen 2022, es wurden somit weltweit bedeutende Ereignisse behandelt oder solche, die mit dem Leben von Bobby zu tun hatten.

Die Buslinie 28 von P & T Coaches fährt die Haltestelle mehrmals täglich an. Sollten Sie hier mal länger warten müssen, bis der Bus kommt, können Sie alles ausgiebig betrachten. Allerdings ist es heute so, dass die überwiegende Anzahl der Besucher nicht mit dem Linienbus 28 kommt, sondern mit dem Auto vorfährt. Bobby's Bus Shelter gehört zu den bekanntesten Sehenswürdigkeiten der Shetlands und mittlerweile darüber hinaus. Tausende Touristen kommen jährlich auf die kleine Insel Unst, um das Bushäuschen zu sehen und sich dort fotografieren zu lassen. In Reiseführern wird explizit darauf hingewiesen. Es ist zum Kultobjekt und zum Tourismusmagneten geworden.

Bobby's Bus Shelter gilt als die weltweit einzige Bushaltestelle, die eine eigene Website hat (www.unstbusshelter.shetland.co.uk) und über einen eigenen Eintrag bei Wikipedia verfügt.

Sollte wieder einmal ein Sturm das Bushäuschen wegfegen, können wir sicher sein, dass es, nicht zuletzt aufgrund seiner mittlerweile hohen Popularität, umgehend ersetzt werden würde. Ein Leserbrief eines der auch heute wenigen regulären Nutzer sollte dann nicht von Nöten sein…

Von Unst nach Embo

Um die nächste Geschichte zu erzählen, verlassen wir die Shetlandinseln und kehren auf das schottische Festland zurück. Vor uns liegt eine beachtliche Strecke, die zu überwinden ist, um in das kleine Dörfchen Embo an der Westküste hoch oben im Norden Schottlands zu gelangen. Entweder wir fliegen von Sumburgh an der Südspitze der Shetlands nach Wick an der Nordostspitze des Festlands, oder wir nehmen zunächst die Fähre von Lerwick nach Kirkwall auf den Orkneys, fahren dann auf dem bereits aus Geschichte 19 bekannten Weg (nur Rückwärts) nach St. Margret's Hope auf South Ronaldsay, um schließlich mit der Fähre nach Gills überzusetzen.

Egal für welchen Weg wir uns entscheiden, auf dem schottischen Festland angekommen, fahren wir dann die Landstraße A 9 in südlicher Richtung. Dabei haben wir meistens einen guten Blick auf die Nordsee.

Nicht weit von unserem Ziel entfernt kommen wir an Dunrobin Castle vorbei. Die ganze Pracht des Schlosses mit seiner geweißten Fassade, den verspielt wirkenden runden Türmen und den hohen Fenstern zeigt sich von der Seeseite aus. Seine Ursprünge gehen auf das 13. Jahrhundert zurück. Mitte des 19. Jahrhunderts erfolgten umfangreiche Umbauarbeiten. Dunrobin Castle verfügt über 189 Zimmer, die mit hochwertigen Kunst- und Einrichtungsgegenständen ausgestattet sind. Vor dem Schloss stehend sehen wir rechts einen Weg hinab zum Strand, von dem aus man einen guten Blick auf den Garten und das imposante Schloss hat. Dunrobin Castle war der Stammsitz des ersten Duke of Sutherland. Sein Name ist untrennbar mit den Highland Clearences verbunden. Mit brutalen Mitteln ließ er die Bauern von seinem Land vertreiben, um eine lukrative Schafzucht betreiben zu können. Oftmals wurden die Bauern mit Waffengewalt aus ihren Häusern an den Strand getrieben, wo bereits Schiffe warteten, die sie nach Australien oder Kanada brachten.

Wir folgen nun der A 9 weiter in südlicher Richtung, überqueren Loch Fleet und kommen in das kleine unscheinbare direkt an der Westküste gelegene Embo, den Ort unserer nächsten Geschichte. Hier stoßen wir auf die seit dem Brexit neugestellte – alte – Frage, die das Land seit Jahrhunderten umtreibt: soll Schottland unabhängig sein?

Wee Story 22:
Embo und seine eintägige Unabhängigkeit

Schottland und die Frage der Unabhängigkeit haben eine wechselvolle Beziehung, die sich über die Jahrhunderte immer wieder neu stellte. Bevor wir uns unserer Geschichte widmen, werfen wir anhand einiger ausgewählter Ereignisse einen kurzen Blick auf Schottlands lange und oftmals blutige Geschichte.

Die Römer

Mitte des ersten Jahrhunderts n. Chr. marschierten die Römer im Süden Großbritanniens ein, um eine neue Provinz zu schaffen. Als römische Legionen nach Norden vorstießen und in das Gebiet des heutigen Schottlands kamen (sie nannten es Caledonia), bissen sie sich über 300 Jahre lang an den hier lebenden vorwiegend keltischen Stämmen die Zähne aus. Als sichtbares Zeichen, wie weit die Macht des römischen Imperiums auf der britischen Insel nach Norden reichte, errichteten sie zwischen 122 und 128 n. Chr. den nach dem Kaiser Hadrian benannten Wall. Die aus

Stein gefertigte massive fünf Meter hohe Mauer erstreckte sich auf einer Länge von 117 Kilometern auf der Höhe des heutigen englischen Carlisle von West nach Ost und war durch Wachtürme und Legionslager gesichert.

Reste des 1987 von der UNESCO zum Weltkulturerbe erklärten Hadrianswalls sind heute noch an vielen Orten zu sehen und können besichtigt werden. Um 142 n. Chr. errichteten die Römer noch den weiter nördlich, zwischen Glasgow und Edinburgh – an der engsten Stelle der britischen Hauptinsel – gelegenen Antoniuswall, er konnte aber schon am Ende desselben Jahrhunderts nicht mehr gehalten werden. Im Jahr 367 n. Chr. gaben die Römer die Eroberungsversuche Schottlands auf. 410 n. Chr. zogen sie dann ganz aus Großbritannien ab.

Die Wikinger

Zwischen dem 8. und 12. Jahrhundert beeinflussten die Wikinger maßgeblich Schottlands Geschichte. Sie kamen mit ihren schnellen Langbooten über die Nordsee aus Norwegen, überfielen Siedlungen, raubten und plünderten. Später kamen sie dann, um zu siedeln. Die Wikinger beherrschten weite Teile der Inseln an der Westküste Schottlands sowie die Orkneys und die Shetlands. Im Jahr 1263 forderte der schottische König Alexander III. den norwegischen König Haakon IV. bei Largs heraus. Die Schlacht endete in einem Unentschieden. König Haakon IV. starb im darauffolgenden Winter. 1266 waren die Inseln und das von den Wikingern besetzte Festland wieder in schottischer Hand. Den Wikingern blieben die Orkneys und die Shetlands, die, wie wir bereits gelesen haben, im Jahr 1468 als Mitgift des dänischen Königs für seine Tochter an König James III von Schottland übergingen.

Die Engländer

Nun zurück zur Frage der Unabhängigkeit von England. Vielen mag da zuallererst der Film Braveheart mit Mel Gibson in den Sinn kommen, der den Unabhängigkeitskämpfer William Wallace spielt. Ein toller Film, der fünf Oscars erhielt, uns hier aufgrund seiner historischen Unschärfe allerdings wenig weiterhilft.

Die Schotten führten über die Jahrhunderte zahllose Kriege und Schlachten gegen englische Heere, bei denen sie oftmals unterlagen. Ganz entscheidend im Kampf um die Unabhängigkeit war eine Schlacht am 11. September des Jahres 1297, die unter dem Namen, die Schlacht bei Stirling Bridge, in die Geschichte einging. Durch ein geschicktes Manöver teilte das schwächere schottische Heer, geführt von William Wallace, das größere und besser bewaffnete von König Edward I. (auch »Hammer of the Scots« genannt) in zwei Teile und errang einen wichtigen Sieg. Weitere blutige Schlachten sollten folgen.

Am 25. März 1306 wurde Robert The Bruce in der Abbey von Scone in der Nähe von Perth zum König von Schottland gekrönt. Wie wir aus der ersten Geschichte wissen, ohne den Krönungsstein »Stone of Destiny«, denn den hatte König Edward I. von England bereits 1296 von dort gestohlen und nach London bringen lassen. Robert The Bruce kämpfte als schottischer Adeliger erst auf englischer Seite, wechselte dann auf die Seite Schottlands und führte ab da einen langen, entbehrungsreichen und blutigen Unabhängigkeitskrieg gegen die englische Besatzung, mit vielen Rückschlägen. Am 23. Juni 1314 war es schließlich soweit. Bei der Schlacht von Bannockburn schlug Robert The Bruce das englische Heer und wurde zum schottischen Nationalhelden.

Die auf Bruce folgenden Könige aus dem Hause Stuart sowie religiöse Querelen zwischen den vornehmlich katholischen Hochland-Clans und dem protestantischen Adel der Lowlands gefährdeten immer wieder die Unabhängigkeit Schottlands.

Doch seine Unabhängigkeit verlor Schottland letztlich nicht in einer Schlacht gegen ein englisches Heer, es hatte vielmehr wirtschaftliche Gründe. Der Versuch Schottlands in Panama eine Kolonie zu gründen, scheiterte katastrophal. Die Folge des Fiaskos war ein drohender Staatsbankrott. Im Jahr 1707 verlor Schottland durch den »Act of Union« dann seine Unabhängigkeit. Das Ende Schottlands als unabhängiger Staat war gleichzeitig der Beginn des »Vereinigten Königreichs« wie wir es heute kennen.

Im Jahr 1746 sollte es allerdings noch einmal zu einem Versuch kommen, mit der Waffe in der Hand die Unabhängigkeit Schottlands wiederzuerlangen: dem Jakobitenaufstand. Charles Edward Stuart, genannt »Bonnie Prince Charlie«, kam aus dem römischen Exil, um den Anspruch auf den schottischen Thron der Stuarts zu erheben. Mit einer handvoll Vertrauter landete er im Juli 1745 an der Westküste Schottlands und stellte aus Highland-Clans eine Armee zusammen, die zu Beginn des Aufstands Schlachten gewann und London bedrohlich nahe kam.

Am 16. April 1746 traf Bonnie Prince Charlie in Culloden bei Inverness mit seiner Armee auf die des Duke of Cumberland. Er verlor die Schlacht und damit endete auch der von ihm geführte Jakobitenaufstand. Bonnie Prince Charlie wird uns in einer späteren Geschichte nochmals begegnen.

Das Referendum

Gegen Ende des 20. Jahrhunderts kamen immer wieder Bestrebungen zu einer schottischen Unabhängigkeit auf. Schottland erkämpfte sich auf dem parlamentarischen Weg immer mehr Selbstbestimmungsrechte. 1979 scheiterte ein Autonomiereferendum allerdings an einer zu geringen Wahlbeteiligung. Ein 1997 abgehaltenes Referendum führte jedoch schließlich dazu, dass im Mai 1999, erstmals seit 300 Jahren, wieder ein schottisches Parlament in Edinburgh im Beisein der Queen mit eigener (regionaler) Gesetzgebungskompetenz gewählt wurde. Die Queen selbst war am 1. Juli 1999 bei der Einweihungszeremonie in Edinburgh anwesend.

In einem nächsten Schritt vereinbarte der damalige schottische Erste Minister Alex Salmond von der Scottish National Party (SNP) mit dem damaligen britischen Premierminister David Cameron, dass die Schotten 2014 in einem Referendum über die Unabhängigkeit ihres Landes abstimmen durften. Nach gut zweijähriger, zum Teil emotionsgeladener Debatte stimmten 55 Prozent der Wählerinnen und Wähler schließlich gegen einen Austritt aus dem Vereinigten Königreich. Das gab der Unabhängigkeitsbewegung in Schottland kurzzeitig einen herben Dämpfer.

Im Brexit-Referendum vom 23. Juni 2016 stimmte das Vereinigte Königreich insgesamt knapp für den Austritt aus der Europäischen Union (EU). Schottland hingegen votierte mit fast zwei Dritteln der Stimmen deutlich für einen Verbleib in der EU. In der darauf folgenden chaotischen Phase der Brexit-Verhandlungen erhielten auch die Unabhängigkeitsbestrebungen der schottischen Regierung unter Führung der Ersten Ministerin Nicola Sturgeon von der SNP wieder neue Nahrung.

So, nach dem schnellen Ritt durch eine fast 2.000 Jahre lange Geschichte schottischer Unabhängigkeitsbestrebungen, kehren wir zurück zu unserer Geschichte in ein kleines schottisches Dorf im Jahr 1988…

Ein kleines schottisches Dorf…

Embo ist ein winziger Ort, idyllisch am Meer in der Grafschaft Sutherland gelegen, mit einem weißen Sandstrand und Dünen, die einen bei jedem Wetter zum Spazierengehen einladen. Südlich von Embo hat sich der Firth of Dornoch weit ins Landesinnere eingegraben, und nördlich fließt Loch Fleet in die Nordsee. Im 19. Jahrhundert entstand Embo als Fischerdorf und Zufluchtsort für Bauern, die während der Highland Clearances vertrieben wurden und hier ein neues Zuhause fanden.

Die 300 Einwohner des kleinen Örtchens Embo erklärten am 16. Juli 1988 feierlich ihre Unabhängigkeit vom Vereinigten Königreich. Sie taten dies hoch offiziell und ganz genau für einen Tag! Wie es dazu kam, erzählt uns diese Geschichte.

Unabhängig für den guten Zweck

Die Einwohner von Embo brauchten ein Gemeindezentrum. Ein geeigneter Ort dafür war schnell gefunden. Die örtliche Grundschule stand seit geraumer Zeit leer, und so bot es sich an, sie in ein Gemeindezentrum umzuwandeln. Dafür brauchte man Geld und das hatte die klamme Gemeindekasse nicht. Also was tun, fragten sich die Menschen in Embo…

Bei der Suche nach einer geeigneten Geldeinnahmequelle kamen zwei Einwohnerinnen Embos, die beiden Schwestern Elisabeth und Christine, auf die Idee mit der Unabhängigkeit, nicht gleich von ganz Schottland, sie wollten erstmal mit Embo anfangen und das auch nur für einen Tag.

Rechtstreu wie die Einwohner von Embo nun mal waren, holten sie vorher die offizielle Erlaubnis der »Queen« ein – ja richtig, Ihrer Majestät der Königin Elisabeth II – und sie stimmte tatsächlich zu. Und um ganz sicher zu gehen, fragte man auch noch die damalige Premierministerin Margret Thatcher, auch die »eiserne Lady« genannt. Mehr geht nun wirklich nicht.

Der Independant State of Embo

Mit Anbruch des Tages begann am 16. Juli 1988 die Unabhängigkeit Embos. Der »Independant State of Embo« war geboren. Die beiden Ideengeberinnen bekleideten hohe »Staatsämter«. Elisabeth wurde »Minister for Internal Affairs« und Christine sorgte als »Ambassador to all Nations« für gute Beziehungen mit dem »Ausland«. Da jeder unabhängige Staat auch eine eigene Nationalhymne hat, wurde das Lied »Embos Golden Shore« der schottischen Folkband North Sea Gas zur offiziellen Nationalhymne erklärt.

Am Ortseingang von Embo wurde, wie bei jedem Staat ganz selbstverständlich, ein Grenzkontrollpunkt eingerichtet. Jedes Fahrzeug, das nach Embo hineinfahren wollte, wurde »kontrolliert« und die Fahrzeuginsassen bekamen ein Visum ausgestellt. Alles hoch offiziell und staatstragend, wie es sich gehört.

Ein Cuddie für den »Spirit of Embo«

Um das Gemeindezentrum zu finanzieren, brauchte man ja Geld, also wurde eine eigene Währung eingeführt, der Cuddie. Der »offizielle« Wechselkurs betrug zwei Cuddies für ein Pfund Sterling. Der Cuddie wurde genau an diesem einen Tag als Zahlungsmittel akzeptiert und das an genau einem Ort, im einzigen örtlichen Pub der Stadt namens Grannies Heilan' Hame. Dort konnte man dafür einen Dram Whisky kaufen und trug damit zur Finanzierung des Gemeindezentrums bei. Das Pub fungierte während der Unabhängigkeit auch als Parlamentsgebäude. Diplomatische Immunität konnte hier zusätzlich gegen eine Sonderzahlung für das Gemeindezentrum gewährt werden.

Die Whisky-Destillerie Clynelish im nahe gelegenen Brora unterstützte die »Unabhängigkeitsbestrebungen« der Einwohner von Embo mit einer Sonderabfüllung. 300 Flaschen eines 12 Jahre alten Single Malt

Whiskys wurden unter dem Namen »The Spirit of Free Embo« abgefüllt und mit einem speziellen Unabhängigkeitslabel versehen.

Am Ende des Tages

Mit dem Ende des Tages war die Unabhängigkeit des »Independant State of Embo« vorbei. Was aber blieb war, dass das kleine Embo über Nacht im ganzen Land und darüber hinaus schlagartig mediale Aufmerksamkeit bekam. Kamerateams aus Frankreich, Journalisten aus den USA und sogar aus Australien waren angereist, um über das Spektakel zu berichten. Mit der Aktion kam genügend Geld in die »Staatskasse« und es konnte mit den Umbauarbeiten der ehemaligen Grundschule begonnen werden. Im Jahr 1990 war der Umbau fertig und das Gemeindezentrum konnte eröffnet werden.

Das kleine Embo hat tatsächlich das durchgezogen, was Schottland seit langem bewegt. Ok, nur für einen Tag und auch nicht wirklich. Doch, was neben dieser netten, kleinen über 30 Jahre alten Geschichte bleibt, ist die große Frage, wie es mit Schottland und seinen Autonomiebestrebungen weitergeht…

Von Embo zum Loch Ness

Wir verlassen Embo und fahren weiter auf der A 9 in Richtung Süden. Unser nächstes Ziel ist Loch Ness, der wohl bekannteste See in Schottland. Seien wir mal ehrlich: Denkt man an Schottland, dann kommt einem als erstes unweigerlich das scheue Monster in den Sinn, das hier leben soll.

Um das Monster von Loch Ness zu sehen, überqueren wir zuerst den Dornorch Firth und fahren durch Easter Ross. Nachdem wir die Brücke über den Cromarty Firth passiert haben, erreichen wir die Halbinsel Black Isle. Der Namensbestandteil »Isle« ist allerdings etwas verwirrend, da es sich hier wirklich nicht um eine Insel handelt. Die Black Isle wird von drei Seiten von Meeresbuchten umgeben, im Norden ist es der Cromarty Firth, im Osten der Moray Firth und im Süden schneidet sich der Beauly Firth ins Landesinnere ein. Typisch für die Black Isle sind Weizenfelder, die im Sommer die hügelige Landschaft zieren. Zahlreiche Whisky-Destillerien beziehen aus dieser fruchtbaren Gegend ihren Weizen, den Grundstoff für das »Wasser des Lebens«.

Wer die Black Isle nicht bloß durchfahren möchte, kann zum Chanonry Point fahren, einer Landspitze, die in den Moray Firth hineinreicht. Mit ein bisschen Glück kann man hier Delphine beobachten.

Von der gegenüberlegenden Uferseite aus sehen wir das mächtige Fort George liegen. Auf einer Landzunge baute die britische Armee nach dem letzten Jakobitenaufstand im Jahr 1746 im Auftrag von König George II eine riesige Festung. Das schottische Hochland und die Zufahrt nach Inverness sollte so von See aus über den Moray Firth unter Kontrolle gebracht werden. Fort George wurde wie damals üblich mit meterdicken Wällen, Bastionen und Gräben gesichert. Die Festung wurde mit der zur damaligen Zeit stärksten Artillerie im Vereinigten Königreich bewaffnet und mit einer großen Garnison bemannt.

Nach Durchqueren der Black Isle fahren wir über die Brücke, die uns über den Moray Firth direkt nach Inverness führt, sein Name bedeutet »Mündung des Ness«. Das viktorianisch geprägte Inverness ist die Hauptstadt der Highlands und mit circa 60.000 Einwohnern auch ihre größte. Es liegt am nördlichen Ende des Great Glen, eines uralten Tales, das sich queer durch Schottland schneidet. In der Stadt überqueren wir den gemächlich dahin fließenden River Ness und verlassen sie in südlicher Richtung auf der B 862. Nach einer kurzen Fahrtzeit gelangen wir nach Dores am Ufer des Loch Ness. Das kleine Örtchen ist das Zuhause des selbsternannten Nessie-Jägers und der Ausgangspunkt unserer nächsten Geschichte. Mal sehen, ob sich Nessie blicken lässt… ;-)

Wee Story 23: Loch Ness – Ein scheues Monster, ein Mythos und seine Geschichte

Bei dieser Geschichte geht es um ein schottisches Monster oder sollte ich besser sagen, das schottische Monster schlechthin, das in den schottischen Highlands, im Loch Ness, zuhause sein soll – und das bereits seit sehr langer Zeit.

Dieses wohl bekannteste Monster hört auf den Namen »The Loch Ness Monster«, wird aber von vielen liebevoll »Nessie« genannt. Schließlich handelt es sich ja nicht um ein menschenverschlingendes, blutrünstiges Untier. Auch wurden ihm bisher keinerlei Untaten unterstellt oder gar nachgewiesen. Also bei Nessie von einem Monster zu sprechen, wird ihm nun wirklich nicht gerecht.

Bevor wir zu Nessie selbst kommen, erst noch einige Informationen zu seinem Zuhause und der Gegend, in der es leben soll: Loch Ness ist ein Süßwassersee, 37 Kilometer lang und 1,5 Kilometer breit, also ein schlauchartiger kalter, dunkler, See mit einer bemerkenswerten Tiefe von bis zu 230 Metern.

Das Scott Monument in Edinburgh, das zu Ehren des berühmten Schriftstellers, Sir Walter Scott, errichtet wurde, ist 61 Meter hoch. Würde man vier Scott Monuments an der tiefsten Stelle von Loch Ness übereinander stapeln, würde die Spitze des vierten aus dem Wasser ragen. Sogar schon wenige Meter vom Ufer entfernt kann die Tiefe an einigen Stellen bereits 150 Meter betragen. Ein anderer berühmter schottischer See, der uns in einer späteren Geschichte noch beschäftigen wird, Loch Lomond, ist flächenmäßig größer und somit der größte See Schottlands. Aber aufgrund seiner Tiefe hat Loch Ness mit 7,4 Kubikkilometern das mit Abstand größte Wasservolumen und bietet somit auch viel Platz für ein Monster oder zumindest für den dazu passenden Mythos.

Die Forschung geht davon aus, dass Loch Ness durch einen Gletscher während der letzten Eiszeit entstanden und etwa 10.000 Jahre alt ist. Geologisch betrachtet somit ein eher junger See. Doch Loch Ness ist Teil des Great Glen, eines 100 Kilometer langen Tales, das die Ostküste Schottlands mit der Westküste verbindet und einer hunderte von Millionen Jahre alten geologischen Störungslinie folgt. Sie bildet eine Schwächezone, die die Aushubarbeit der Eiszeitgletscher begünstigte. Das nordwestliche Ufer von Loch Ness besteht aus Old Red Sandstone, wie er auch in Nordamerika vorkommt. Geologische Untersuchungen haben ergeben, dass. die Great-Glen-Störung eine weitreichende Seitenverschiebung ist, die – mit Unterbrechungen – ihre Fortsetzung in Nordamerika, Irland und Norwegen findet und einer Zeit (Devon) entstammt, in der Nordamerika und Teile Europas einem Larussia (auch Euramerica oder Old Red) genannten Kontinent angehörten.

Anfang des 19. Jahrhunderts wurden die Seen des Great Glen – Loch Ness, Loch Lochy und Loch Linnhe – entlang dieser Bruchlinie durch den Kaledonischen Kanal miteinander und mit den Küsten im Osten und Westen Schottlands verbunden. Hier liegen die Städte Inverness (im Nordosten), Fort Augustus und Fort William (im Südwesten). Teilweise müssen Schiffe mehrere beeindruckende Staustufen hintereinander passieren, um die deutlichen Höhenunterschiede überwinden zu können. Insgesamt hat er 29 Schleusen und zehn Schwingbrücken, 62 Kanalkilometer verlaufen durch natürliche Seen, nur ca. 36 Kilometer sind künstlich angelegt. Der Kanal wurde im Jahr 1822 nach nur 19 Jahren Bauzeit fertig gestellt.

Was man nicht schon alles versucht hat, um Nessie zu finden

Nessie gehört zu den Kryptiden. Zu den *was???*, mögen Sie jetzt denken. – Ein Kryptid ist ein Tier, für deren Existenz es zweifelhafte oder keine wissenschaftlichen Belege gibt. Meist handelt es sich um Fabelwesen oder Wesen aus der Mythologie. Andere bekannte Kryptiden sind der Yeti im Himalaya und Bigfoot in Nordamerika, die Reihe ließe sich deutlich verlängern, aber das führt hier zu weit. Um aus Nessie ein »echtes Wesen« zu machen, muss ein »echter Nachweis« her. Um genau diesen Beleg zu erbringen, hat man einiges versucht, Ehrenwertes, aber auch mit Vorsatz geschummeltes und dreist gefälschtes.

Erste Spuren zu Nessie führen ins sechste Jahrhundert

Eine erste Sichtung von Nessie soll bereits im Jahr 565 n. Chr. durch den irischen Mönch und Missionar Columban von Iona stattgefunden haben. Columban will einen seiner Gefolgsleute beim Durchschwimmen des Loch Ness vor einem Monster gerettet haben. Also doch ein »Monster«? Mal sehen… Bis dahin lebte Nessie jedenfalls ein ungestörtes Leben – und auch danach hatte es für mehr als tausend Jahre seine Ruhe. Auch das im 13. Jahrhundert am Ufer von Loch Ness errichtete Urquhart Castle gibt bis zu seiner Zerstörung im 17. Jahrhundert wenig Hinweise auf ein im See befindliches Monster. Die Festung wurde 1692 gesprengt und ist nur noch eine Ruine. Heute steht Urquhart Castle unter der Verwaltung von Historic Scotland und ist eines der meistbesuchten Burgen des Landes.

Nessie und die Uferlandstraße

Mit dem Bau der Uferlandstraße A 82 im Jahr 1933 änderte sich für Nessie alles und es war vorbei mit der Ruhe. Mit dem aufkommenden Verkehr nahmen auch die gemeldeten Sichtungen eines »See-Monsters« zu. Ein Zirkus bot sogar 20.000 Pfund Belohnung für denjenigen, der das »Monster« fangen würde. Einige brachten die zunehmenden Nessie-Sichtungen der 1930er Jahre mit den zu dieser Zeit populären Grusel- und Monsterfilmen in Verbindung, die die Fantasie der Menschen regelrecht beflügelten.

Auch an Land soll Nessie bereits gesehen worden sein. So berichtete der Motorradfahrer Arthur Grant, wie er im Mondlicht ein Wesen mit langem Hals, einem kleinen Kopf und massigem Körper und Schwimmflossen die Straße überqueren sah. Nessie soll ein Schaf im Maul gehabt haben und damit im See verschwunden sein.

Beim berühmten Nessie-Foto von Dr. Robert Kenneth Wilson handelt es sich um echte Fake News aus dem Jahr 1934. Das schwarz-weiß-Foto des im Wasser schwimmenden Tiers mit einem langen Hals sorgte für große Aufregung und galt lange Zeit für einige als Beweis für die Existenz von Nessie. Viele Jahre nach Erscheinen des Fotos stellte sich heraus, dass man lediglich ein Nessie-Modell auf einem Spielzeug-U-Boot fotografiert hat. Auf dem Sterbebett gab der letzte an dem Foto beteiligte schließlich zu, dass es sich um eine Fälschung handelte.

Auch mysteriöse Fußspuren am Ufer stellten sich als dreiste Schummelei heraus. Sie stammten von einem präparierten Flusspferdefuß, der als Schirmständer genutzt wurde. Also wieder nichts mit einem Beweis.

So verging die Zeit. Nessie wurde mal hier, mal da gesichtet, sah mal so und mal so aus und so weiter. Fotos tauchten auf und wurden als Fälschungen entlarvt.

Nessie und die moderne Forschung

Adrian Shine, Loch Ness-Experte, versucht dem Geheimnis von Loch Ness seit den 1970er Jahren auf den Grund zu gehen. Hierfür wurde der See mit Fernrohren und Kameras überwacht. Köder wurden ausgelegt. Auch mit einem U-Boot wollte man Nessie finden. Doch Nessie zeigte sich nicht.

1987 wurde die Operation »Deepscan« gestartet. Forscher fuhren mit 20 Booten in einer Reihe nebeneinander über den gesamten See und tasteten ihn mit Ultraschallwellen ab. Nach Auswertung und Bereinigung des Materials ließen sich drei Kontakte nicht eindeutig zuordnen, aber aus Sicht der Forscher waren sie viel zu undeutlich, um Aussagen über eine Existenz von Nessie zu machen. Also wieder kein Monster… ;-(

Der Nessie-Hunter von Loch Ness

Seit über 25 Jahren wohnt nun schon der selbsternannte Nessie-Hunter, Steve Feltham, in einem umgebauten Bauwagen am Strand des kleinen Örtchen Dores am Loch Ness und lebt dort seinen Traum von der Suche nach Nessie. Er widmet sich ausschließlich der Suche nach Nessie, dafür hat er seinen Beruf und sein früheres Leben aufgegeben. Feltham ist über die Jahre zu einer festen Institution bei der Suche nach Nessie geworden. Die lange Zeit der Beobachtung des Lochs zeigt, mit welchem Enthusiasmus er bei der Sache ist. Feltham gibt Interviews, erzählt Touristen seine Nessie-Geschichten und verkauft kleine, handgefertigte Nessie-Figuren. In seiner Zeit am Loch Ness meint er, einmal etwas gesehen zu haben, das aussah, wie die gesuchte Nessie.

Für Nessie-Sichtungen war das Jahr 2017, nach Angaben der BBC, ein super Jahr. Es soll gleich acht »offizielle« Sichtungen gegeben haben.

Im Juni 2018 ging man der Frage, was wirklich im Loch Ness lebt, mit einem völlig anderen wissenschaftlichen Ansatz nach. Professor Neil Gemmell, Biomediziner an der Otago Universität in Neuseeland analysierte mit seinem Team die im Loch Ness vorkommende DNA. Der Ansatz besagt kurz und knapp: Alles, was im See lebt oder dort einmal lebte, hat auch Spuren hinterlassen und seien sie noch so klein. Dazu wurden im See 300 Wasserproben entnommen, das organische Material extrahiert, nach DNA untersucht und anschließend mit DNA-Proben aus weltweiten Datenbanken verglichen und so nach der »Monster-DNA« gesucht. Wenn bei all der Arbeit kein Monster zum Vorschein kommt, dann zumindest eine Zusammenstellung der im See vorkommenden Artenvielfalt. – So kam es dann auch. 3.000 verschiedene Spezies konnten im See nachgewiesen werden. Ein Seeungeheuer war leider nicht dabei.

Was bei den vielen Suchaktionen im Loch Ness so alles gefunden wurde

Bei den zahlreichen Suchaktionen nach Nessie wurde so Einiges im See gefunden. Man hat die Überreste eines Kampfflugzeugs aus dem Zweiten Weltkrieg entdeckt. Auch ein 100 Jahre altes Fischerboot kam wieder zum Vorschein, ebenso ein Schnellboot, das 1952 bei einem Weltrekordversuch untergegangen war. Auch eine Skulptur von Nessie wurde auf dem

Grund des Sees gefunden. Sie wurde als Filmrequisite für »Das Leben des Sherlock Holmes« von 1970 verwendet.

Und was ist nun mit Nessie?

Viele »Sichtungen« sind wohl durch Sinnestäuschungen entstanden, treibende Baumstämme, Fische oder seltene, ungewöhnlich geformte Wellenmuster. Die Befürworter der Existenz von Nessie halten es für einen Nachfahren des längst ausgestorbenen Plesiosauriers, eines prähistorischen bis zu 15 Meter langen Meeresreptils mit kleinem Kopf und langem Hals. Knochenfunde auf der Isle of Skye belegen, dass dieser Dinosaurier tatsächlich einst in schottischen Gewässern gelebt haben muss, als hier noch ein subtropisches Klima herrschte. Allerdings starben die Plesiosaurier vor ca. 165 Millionen Jahren aus. Da Loch Ness, wie erwähnt, lediglich 10.000 Jahre alt ist, müssen die Befürworter dieser Theorie erklären, was Nessie in der verbliebenen Zeit seit dem Aussterben bis zur Entstehung des Sees so getrieben hat.

Tausende Menschen wollen das Monster von Loch Ness bislang gesehen haben. Ob Nessie nun real ist oder ein Mythos, es ist in jedem Fall ein dauerhafter Touristenmagnet für Schottland. Schätzungen zufolge werden jährlich rund 30 Millionen Pfund an Einnahmen erwirtschaftet.

Wenn Sie jetzt Lust haben, sich selbst ein Bild von Loch Ness und seinem berühmten »Monster« zu machen und ein bisschen Zeit mitbringen: 2018 wurde ein neuer Rundwanderweg eröffnet, der um den ganzen See herumführt, der »Loch Ness 360«. Neun Jahre haben die Planer an der Streckenführung, dem Ausbau und den Genehmigungen mit den Landbesitzern getüfftelt, bis alles fertig war. Inverness ist ein geeigneter Startpunkt für 130 Kilometer lange Wanderung, die in vier bis sechs Tagen absolviert werden kann.

Sie können auch das 1980 eröffnete Loch Ness Centre & Exhibition in Drumnadrochit besuchen, um sich über die Geschichte des Sees und die Erforschung seines legendären »Monsters« zu informieren, inklusive zahlreicher mitunter kreativer Fälschungen.

Ob Sie nun an die Existenz von Nessie glauben oder nicht, bleibt Ihnen und Ihrer Fantasie überlassen. Sollte es Nessie tatsächlich geben, sind die Chancen ein »echtes« Foto zu machen, in Zeiten, in denen fast jeder ein Smartphone mit Kamera hat, noch nie so gut gewesen. Doch was dann? Wenn Nessie tatsächlich gefunden wird, wäre die Welt um eine unbekannte Spezies reicher, Schottland aber um einen bedeutenden Teil seiner Mystik ärmer.

Ich stand bisher drei Mal am Ufer von Loch Ness. Obwohl Nessie nicht zu sehen war, hatte ich nicht das Bedürfnis im See zu schwimmen und hätte es selbst dann nicht gehabt, wenn das Wasser wärmer gewesen wäre. Es hätte ja doch sein können, dass da tatsächlich etwas war und gerade heute ausgesprochen schlechte Laune hatte.

Vom Loch Ness zum Culloden Moor

Um viele Geschichten über das scheue Monster reicher, verlassen wir Dores und den Loch Ness und fahren das kurze Stück auf der B 862 zurück nach Inverness. Vor dessen Schloss steht auf einem hohen Sockel eine Frauenstatue, die die schottische Heldin Flora MacDonald zeigt. Um sie wird sich unsere nächste Geschichte drehen.

Wir verlassen die Stadt in nordwestlicher Richtung auf der B 9006 und folgen der Culloden Road zum Culloden Moor, dem historischen Schlachtfeld, auf dem sich das Schicksal des letzten Jakobitenaufstands entschied. Es ist der Ausgangspunkt unserer nächsten Geschichte.

Wir weichen hier etwas von der üblichen Vorgehensweise ab. Die bisherigen Geschichten spielten an einem Ort, diese hier führt uns in verschiedene Weltgegenden – nach England und zurück in die Highlands und zu den Hebriden. Wir werden einen Ausflug in die neue Welt machen und sie auf Schottlands »Wolkeninsel« Isle of Skye zu Ende bringen, von wo es dann, wie gewohnt, weiter geht. Aber jetzt zu unserer Geschichte im Culloden Moor…

Wee Story 24: Bonnie Prince Charlie und Flora MacDonald – Over the Sea to Skye

In dieser Geschichte kreuzen sich für einen kurzen Moment die Lebenswege zweier Menschen, eine Begegnung, die aus unterschiedlichen Gründen für beide weitreichende Folgen hatte. Prince Charlie wollte hoch hinaus, hatte deshalb mächtig Ärger auf sich gezogen und war auf der Flucht. Flora half ihm zu entkommen, brachte sich damit in große Schwierigkeiten und wurde später wegen ihres mutigen Handelns zur Nationalheldin. Falls sie jetzt denken, dass es sich hier um den Beginn einer Liebesgeschichte handelt, muss ich Sie enttäuschen. – Aber eine spannende Abenteuergeschichte wird es allemal…

Bonnie Prince Charlie wurde am 31. Dezember 1720 in Rom als Charles Edward Louis Philip Casimir Stuart geboren und später von seinem Vater zum Prinzregenten ernannt. Aufgrund seiner zarten Statur und seines angenehmen Äußeren wurde er später auch Bonnie Prince Charlie genannt.

Bonnie Prince Charlie war der Sohn des im Exil lebenden Thronprätendenten James Francis Edward Stuart (genannt The Old Pretender) und der Enkel des früheren englischen und schottischen Königs James

II., der die Krone 1688 an seine Tochter Mary und ihren holländischen Ehemann, Wilhelm von Oranien, verlor.

Die Anhänger des Hauses Stuart, die den Thronprätendenten James wieder auf dem schottischen und englischen Thron sehen wollten und für seine Wiedereinsetzung kämpften, wurden »Jakobiten« (englisch Jacobites) genannt. Der Name leitet sich von Jacobus, der lateinischen Form von James, ab.

Der Jakobitenaufstand

Bonnie Prince Charlie ist wohl der bekannteste Schotte des 18. Jahrhunderts, obwohl er weniger als ein Jahr seines Lebens tatsächlich auf schottischem Boden verbrachte. Trotzdem verehren ihn die Schotten und erzählen sich zahlreiche Geschichten über ihn, sein Schicksal wurde in vielen Liedern besungen.

Der Prinzregent Charles Edward Stuart hatte sich in den Kopf gesetzt, den Thron für die Stuarts und seinen Vater zurückzuerobern. Mit der Unterstützung Frankreichs, dem Erbfeind Englands, landete er 1745 bei Glenfinnan in Loch Shiel mit gerade mal sieben Getreuen, hisste das königliche Banner der Stuarts und rief am 19. August 1745 die schottischen Clans auf, sich unter seinem Banner gegen England zu erheben. Einige Highland-Clans schlossen sich ihm an, andere folgten später und der Jakobitenaufstand nahm Fahrt auf. Das war also der Ausgangpunkt des letzten schottischen Aufstands.

Das Viadukt am Glenfinnan Monument

Doch bevor wir Glenfinnian verlassen noch ein paar Worte zum Ort selbst. Heute befindet sich hier, wo Prince Charlie an Land ging, das zu seinen Ehren errichtete Glenfinnian Monument, ein runder Turm mit einer Statue des Prinzen auf seiner Spitze. Etwas weiter, ein paar hundert Meter im Landesinnern, überbrückt unübersehbar ein Eisenbahnviadukt das Tal. – Und dort kreuzt sich sein Weg mit dem des jungen Zauberschülers Harry Potter, den J.K. Rowling ins Leben gerufen hat. Denn zwei Mal am Tag überquert der Jacobite Steam Train (»The Jacobite« genannt), ein historischer Dampfzug mit roten Waggons, die imposante Brücke mit den 21 markanten Bögen. Harry-Potter-Fans kennen ihn bestens unter dem Namen »Hogwarts Express«; er bringt in der berühmten Filmserie Harry Potter, seine Freunde Hermine und Ron und viele andere Kinder mit magischem Talent nach Hogwarts, der Schule für Hexerei und Zauberei. Loch Shiel diente übrigens als Kulisse für Hogwarts. Seit vielen Jahren ist die Brücke ein wahrer Touristenmagnet und Fotomotiv, insbesondere natürlich dann, wenn der Dampfzug darüber hinwegrauscht. Der Jacobite verkehrt zwischen Fort William in den Highlands und dem Fischereihafen Mallaig an der Westküste und zählt zu den zauberhaftesten Bahnstrecken Schottlands.

Culloden

Und nun zurück zu unserer Geschichte. Prince Charlie nahm mit seiner Armee am 17. September 1745 nach einigen Siegen gegen englische Truppen die schottische Hauptstadt Edinburgh ein. Standesgemäß quartierte er sich im Holyrood Palace am unteren Ende der Royal Mile ein. Nach sechs Wochen zog er mit seiner Armee weiter und stieß in Richtung Süden vor. Im Dezember standen seine Truppen nur noch 150 Kilometer entfernt von London, was König George II. und die Londoner Bevölkerung in Angst versetzte. Bis zu diesem Zeitpunkt lief alles zu Charlies Gunsten. Auf Drängen seiner Clanführer und aufgrund der ausbleibenden Unterstützung durch französische Truppen, die von Süden her eine zweite Front gegen England hätten eröffnen sollen, entschied er sich jedoch zum Rückzug. Das brachte ihn in eine schlechte strategische Lage und verschaffte England genügend Zeit, eine Armee unter der Führung des Duke of Cumberland aufzustellen. Bei Inverness im Culloden Moor trafen nun beide Heere am Morgen des 16. April 1746 zur Entscheidungsschlacht aufeinander. Hungrig, schlecht bewaffnet und völlig erschöpft standen Charlies 5.000 Schotten 9.000 gut ausgeruhten, disziplinierten und modern bewaffneten Soldaten des Duke of Cumberland gegenüber. Hinzu kam, dass das Schlachtfeld, eine Moorlandschaft, für die schnelle Angriffsweise der Schotten, den Highland Charge, nachteilig war.

Bei dieser traditionellen Angriffsart rannten die Schotten auf ihre Gegner bis auf Feuerreichweite zu, hielten kurz an, um ihre Musketen abzufeuern, warfen diese beiseite und stürmten dann mit Geschrei auf die Reihen der Gegner zu, um sie mit Schwert und Schild im Nahkampf niederzuringen. Die britischen Soldaten kämpften in Linien und schossen ihre Musketen in Salven auf die Angreifer. Im Nahkampf setzten sie Bajonette mit tödlicher Präzision gegen ihre Feinde ein. Die englischen Soldaten waren für den Kampf gegen die Schotten speziell gedrillt worden. Sie stachen mit ihrem Bajonett nicht auf den sie zulaufenden Highlander ein, sondern auf den rechts von ihm angreifenden. So umgingen sie die Deckung des Schildes, den die Schotten zur Verteidigung trugen. Wie sich herausstellen sollte, eine wirksame Taktik.

Der Name Culloden steht heute für die letzte Schlacht auf britischem Boden und für die vernichtende Niederlage der Jakobiten. Wichtig hervorzuheben ist, dass in Culloden nicht ausschließlich Schotten gegen Engländer kämpften, sondern auch Jakobiten gegen regierungstreue Schotten.

Die Schlacht an sich war schnell geschlagen und das Heer der Jakobiter floh ungeordnet vom Schlachtfeld. In knapp 30 Minuten war alles vorbei und doch sollte sich von da an so viel ändern. Cumberland ließ bei Verwundeten und Gefangenen keine Gnade ergehen. Es wurde die Parole ausgegeben: »No quarter for the wounded.« Auf dem Schlachtfeld zurückgebliebenen feindlichen Kämpfern durfte nicht geholfen werden, es gab kein Pardon. Jeder Jakobit, dessen seine Truppen auf dem Culloden Moor habhaft werden konnten, wurde erbarmungslos getötet oder später hingerichtet. Die Geflohenen ließ Cumberland wochenlang bis in die Highlands verfolgen. Clans, die an der Schlacht auf Seiten der Jakobiten teilgenommen hatten, wurden bestraft. Das grausame Verhalten des Duke of Cumberland brachte ihm den Beinamen »Butcher« (Schlächter) ein.

Das Schlachtfeld heute

Auf dem historischen Schlachtfeld Culloden Moor erwartet Sie ein interaktives Besucherzentrum. Ein Teil der Außenfassade besteht aus einer langen Schiefermauer, in die hervorstehende hellgraue Quader eingelassen sind. Hier lohnt sich genaueres Hinsehen, denn jeder dieser Quader steht für einen auf dem Schlachtfeld getöteten Soldaten, wobei die beiden Parteien durch räumliche Trennung kenntlich gemacht sind. Dem Betrachter fällt schnell das Missverhältnis zu Ungunsten der Jakobiten ins Auge.

In einem multimedialen Besucherzentrum werden die Ereignisse der Schlacht von Culloden rekonstruiert und anschaulich dargestellt. Wenn Sie das Besucherzentrum in Richtung Außengelände verlassen und das historische Schlachtfeld betreten, dann dürften Ihnen unweigerlich der runde steinerne Turm, das Culloden Monument, sowie die zahlreichen roten und blauen Fahnen auffallen. Diese Fahnen markieren die ehemaligen Aufstellungsbereiche der Einheiten. Die blauen Fahnen zeigen, wo sich die schottischen Clans aufstellten und die roten Fahnen markieren die Standorte der Truppen des Duke of Cumberland.

Die Flucht durch die Highlands und Islands

Nach der Niederlage von Culloden begann für Bonnie Prince Charlie eine ruhelose und abenteuerliche Odyssee durch die schottischen Highlands und Islands. Zu Land und zur See verfolgten ihn königstreue britische Truppen. Auf seinen Kopf war eine Belohnung in der Höhe von 30.000 Pfund ausgesetzt. Zur damaligen Zeit eine unglaubliche Summe. Doch kein Schotte, dem Bonnie Prince Charlie auf seiner Flucht begegnete oder der von seinem Aufenthaltsort wusste, war bereit, ihn zu verraten. Selbst Clans, die sich beim Jakobitenaufstand auf die Seite der Krone geschlagen hatten, dachten nicht daran, sich die Belohnung zu verdienen.

So dauerte seine Flucht durch Schottland fünf Monate lang. Prince Charlie konnte immer nur kurz, höchstens ein paar Tage, an einem Ort bleiben. Seine Anwesenheit stellte auch für seine Gastgeber eine nicht unerhebliche Gefahr dar. In dieser Zeit traf er auf South Uist, einer Insel der Äußeren Hebriden, dann jene Frau, die ihm bei seiner Flucht half und so zur verehrten Nationalheldin wurde: Flora MacDonald.

Flora MacDonald

Flora MacDonald wurde 1722 auf den Äußeren Hebriden geboren. Über das Jahr ist man sich einig, über den genauen Geburtsort dagegen nicht. Auf welcher der Inseln sie zur Welt kam, ob auf South Uist oder vielleicht doch auf Benbecula, ist nicht ganz klar. Wie dem auch sei, bei ihrem

Zusammentreffen war sie 24 Jahre alt und stand wohlerzogen mitten im Leben. Wie viele Highlander auch, zeigte sie große Sympathien für den schönen Prinzen. Bevor Flora ihm jedoch helfen konnte und dabei ihr eigenes Leben aufs Spiel setzte, war ein nicht unerhebliches Problem zu lösen. Flora's Stiefvater, Hugh MacDonald, stand im Dienst von König George II. Erschwerend kam hinzu, dass er der Kommandeur der örtlichen Militäreinheit war. Flora holte sich vorab von ihm die Erlaubnis ein, dem Staatsfeind Nummer eins zur Flucht mit dem Schiff zu verhelfen. So begann ihre abenteuerliche Reise, begleitet von zwei Bediensteten und einer Crew von sechs Seeleuten, am 27. Juni 1746 in Benbecula.

Drei Tage im Juni mit Betty Burke

Kommen wir nun zu den besagten drei Tagen Ende Juni 1746, die für das Leben von Bonnie Prince Charlie und Flora MacDonald so entscheidend waren. Der Fahndungsdruck der britischen Armee wurde immer stärker. Bonnie Prince Charlie musste als Staatsfeind Nummer eins unsichtbar werden. Aber wie, dachte man sich… Um unerkannt fliehen zu können, griff man zu einer List. Er musste sein Äußeres so weit verändern, dass er unauffällig weiterreisen konnte. Die Lösung war simpel und genial zugleich. – Und hier kam ihm sein zartes Äußeres zugute. Man steckte den schönen Prinzen zur Tarnung einfach in Frauenkleider. Seine weichen Gesichtszüge und seine Statur ließen ihn offenbar überzeugend aussehen. So wurde aus Bonnie Prince Charlie die irische Zofe Betty Burke, die, heute würde man sagen, taffe Flora MacDonald auf ihrer Reise zu deren Mutter auf Skye begleitete. Außenstehenden wurde dies zumindest erzählt. Um die Tarnung noch authentischer zu machen, gab ihr Vater Flora einen Brief für ihre Mutter mit, in der er ihr Betty Burke als eine gute Magd und Spinnerin anpries.

Auf einem Boot schmuggelte Flora den unerkannten Prinzen von Uist an englischen Soldaten vorbei auf die Isle of Skye. Dort angekommen, mussten sie feststellen, dass sie das französische Schiff, das zu seiner Rettung geschickt worden war, knapp verpasst hatten, aber man wusste, dass es drei Tage später die kleine Insel Benbecula auf den Äußeren Hebriden anlaufen würde. Bonnie Prince Charlie musste also zurück.

In Portree, genauer: im MacNabs's Inn, heute Royal Hotel, sagten sich Flora MacDonald und Bonnie Prince Charlie am 30. Juni 1746 auf Wiedersehen. Von außen lässt nichts darauf schließen, welch prominenten Gast es einst beherbergte. Dieses Mal erreichte er das französische Schiff und kehrte nach geglückter Flucht nach Italien zurück.

Und was passierte mit Flora MacDonald? – Als die britische Regierung von der Flucht des schönen Prinzen hörte, dauerte es nicht lange bis ihre Fluchthilfe bekannt wurde. So kam es, dass sie zuerst in Oban arrestiert und am 20. November 1746 nach London gebracht und im Tower inhaftiert wurde. Dort verbrachte sie die nächsten acht Monate. In der Zwischenzeit wurde ihre (Helden-)Tat in der Öffentlichkeit bekannt und begeisterte die Menschen über alle gesellschaftlichen Schichten hinweg.

Im Juli 1747 beschloss das englische Parlament mit dem Act of Indemnity eine Amnestie; Flora und andere inhaftierte Jakobiten wurden begnadigt und freigelassen. Es ist übrigens nicht bekannt, ob sich Bonnie Prince Charlie jemals aktiv für ihre Freilassung eingesetzt hat. Bei der harten Reaktion der englischen Armee scheint es auch mehr als fraglich, ob seine Intervention überhaupt den gewünschten Effekt gebracht hätte oder ob es ihre Situation vielleicht noch verschlechtert hätte. Wie dem auch sei, gesehen haben sich die beiden nie wieder.

Im Jahr 1884 veröffentliche Harold Boulton den heute berühmten und von den Corries seit den 1970er Jahren viel gesungenen Skye Boat Song. Gleich zu Beginn heißt es in dem Lied:

Speed bonnie boat like a bird on the wing
Onward the sailors cry.
Carry the lad that's born to be king
Over the sea to Skye

Als Bonnie Prince Charlie Schottland verließ, hinterließ er ein Land im Chaos. Das Jahrhunderte alte traditionelle Clansystem war zerstört, der Dudelsack wurde zur Waffe deklariert und somit verboten, ebenso das traditionelle Kennzeichen der Schotten, der Kilt – zumindest eine Zeit lang.

Hin und wieder stößt man auf das Gerücht, Bonnie Prince Charlie und Flora hätten eine romantische Beziehung gehabt. Dieses Detail würde sich für unsere Geschichte hervorragend eignen, entbehrt allerdings jeglicher Grundlage.

Die neue Welt

Drei Jahre nach ihrer Begnadigung, im Jahr 1750, heiratete Flora Allan MacDonald, mit dem sie von nun an auf einem Cottage auf Skye lebte. Wer jetzt glaubt, dass ihr Leben als Ehefrau von nun an ruhig verlief, der hat die Rechnung ohne Flora gemacht. Wirtschaftliche Gründe ließen die beiden zu dem Entschluss kommen, ihr Glück in der neuen Welt, in Amerika, zu suchen. Also packten sie 1774 ihre Siebensachen und zogen mit ihren drei älteren Kindern in die neuen Kolonien nach North Carolina. Die kleineren Kinder blieben bei Verwandten in Schottland.

In der neuen Heimat gerieten sie prompt in die aufkeimende Amerikanische Revolution. Dieses Mal entschieden sie sich, wie viele Highlander-Familien auch, auf Seiten der britischen Regierung in den Kampf einzutreten. Es verwundert mich schon, dass sich Flora auf die Seite derer schlug, die sie vor nicht allzu langer Zeit so erfolgreich hinters Licht geführt hatte. Aber gut, so war Flora halt… Jetzt galt ihre ganze Leidenschaft dem Kampf für die britische Krone. Der Stilisierung zur schottischen Heldin scheint dieses Detail aber nicht hinderlich gewesen zu sein.

Floras Ehemann trat sogar im Rang eines Captains einem Regiment der Royal Highland Emigrants bei. Aufgrund seiner Leistungen wurde er schließlich zum Brigade Major ernannt. In der Schlacht bei Moore's Creek wurde Allan 1776 gefangengenommen. Flora erging es unterdessen nicht besser. Sie wurde aus ihrem Haus vertrieben und musste ansehen, wie es zerstört wurde. 1779 kehrte sie nach Schottland zurück und lebte wieder auf Skye. Nachdem ihr Mann aus der Kriegsgefangenschaft entlassen wurde, folgte er ihr 1783.

Kilmuir

Im Alter von 68 Jahren, am 5. März 1790, starb Flora MacDonald. Sie wurde auf dem Friedhof bei Kilmuir im Norden von Skye begraben. Ihr

Leichnam wurde in ein Bettlaken gehüllt, in dem Bonnie Prince Charlie auf Skye geschlafen hatte.

Ihr Tod war so spektakulär wie ihr Leben. Zu ihrer Beerdigung kamen 3.000 Menschen. Es gibt Stimmen, die behaupten, dass ihre Beerdigung die größte überhaupt auf Skye war. Der Trauerzug nach Kilmuir soll mindestens 2 Meilen lang gewesen sein. – Und ganz trocken soll ihre Beerdigung auch nicht gewesen sein, was dieses Mal ausnahmsweise kein Hinweis auf das typisch schottische Wetter ist. 300 Liter Whisky soll die Trauergemeinde an ihrem Grab getrunken haben.

Auf ihrem Grabstein wurde 1871 zu ihren Ehren ein Hochkreuz errichtet. Im unteren Bereich ist eine Inschrift zu lesen: »Flora MacDonald. Preserver of Charles Edward Stuart. Her name will be mentioned in history and if courage and fidelity be virtues, mentioned with honour.«

Zweieinhalb Jahre nach Flora, im Jahr 1792, starb auch ihr Ehemann Allan; er wurde neben ihr in Kilmuir beigesetzt. Über die Jahre besuchten unzählige Menschen den kleinen Friedhof in Kilmuir, um das Grab von Flora MacDonald zu sehen. Der Friedhof liegt etwas erhöht und man hat einen guten Blick auf die nahe Küste. Die heutige Grabstätte ist nicht mehr die ursprüngliche, denn viele Besucher haben im Laufe der Zeit Teile entwendet.

Als Flora Mac Donald starb, war Bonnie Prince Charlie bereits zwei Jahre tot. Sein Leben nach dem Aufstand war eher unrühmlich verlaufen. Er verfiel dem Alkohol, wechselte mehrfach seinen Wohnort und seine Liebschaften und verspielte die Sympathien seiner Gönner. Mit ihm starb am 31. Januar 1788 auch der letzte Anspruch der Stuarts auf den Thron.

Von Kilmuir zum Glamaig

Wir verlassen den Friedhof von Kilmuir, umrunden auf der Landstraße A 855 die Nordspitze der Halbinsel Trotternish und fahren dann an der Ostküste in südlicher Richtung bis wir vor Staffin einen Blick auf die beeindruckende Felsformation The Quiraing werfen können. Es lohnt sich hier ein kurzer Abstecher. Vor langer Zeit entstand die teils bizarr anmutende Formation durch einen großen Erdrutsch, verursacht durch das Nachgeben weicher Sedimente unter einer schweren, bis zu 300 Meter mächtigen Basaltschicht. Wenn Skye ihrem Namen als die »Insel des Nebels« nicht gerade alle Ehre macht, dann haben wir von dort einen richtig tollen Blick auf eine mystisch anmutende karge Landschaft. Für mich eine der schönsten Aussichten in ganz Schottland. Ein kleiner Trampelpfad führt unterhalb der langen Hangkante entlang und lädt förmlich zum Wandern ein.

Zurück an der Küstenstraße können wir bei Staffin am Strand bei Ebbe die gut erhaltenen 170 Millionen alten Fußspuren von 50 bis 60 Dinosauriern entdecken. Im Vergleich zu The Quiraing, das oftmals (zu) gut besucht ist, ist hier meist weniger los und wir können in aller Ruhe über den felsigen Strand schlendern und nach den urzeitlichen Fußabdrücken suchen. Die kleine unbewohnte Insel, die wir gegenüber am anderen Ufer sehen, und die zum Greifen nahe ist, heißt Staffin Island.

Fahren wir noch ein Stück weiter, kommen wir am Kilt Rock vorbei, einem imposanten Wasserfall, der an der Steilküste 70 Meter tief ins Meer stürtzt. Von einer Plattform am Rand der Klippe haben wir einen guten Blick auf den Wasserfall und auf die Basaltsäulen entlang der Küste.

Wir fahren auf der A 855 weiter in südlicher Richtung und kommen zu einer der bekanntesten Sehenswürdigkeiten von Skye, dem Old Man of Storr. Das ist eine 50 Meter hohe, bizarr anmutende Felsnadel, die senkrecht emporragt und sich gerne im Nebel oder den Wolken versteckt. Den Aufstieg vom Parkplatz sollte man nicht unterschätzen, aber wir werden mit einem atemberaubenden Blick auf die Landschaft belohnt. Vom Old Man of Storr ist es dann nicht mehr weit nach Portree, der zentralen Stadt auf Skye mit seinen etwas mehr als 2.100 Einwohnern. Ein absolutes Postkartenmotiv ist die Hafenpromenade mit vielen bunten Häusern. Die »Innenstadt« besteht aus einer kleinen Einkaufsstraße, die zum zentralen (Buspark-)Platz führt. In Portree kommen wir auch am Royal Hotel vorbei, das wir aus der vorherigen Geschichte kennen. Denn hier verabschiedete sich Bonnie Prince Charlie von seiner Fluchthelferin Flora MacDonald.

Schattenseiten

Wo viel Licht ist, ist auch Schatten, so auch auf der Isle of Skye, denn sie zählt zu den touristischen Hotspots. Erfolgreiche Filme haben die Insel berühmt gemacht, wie zum Beispiel Transformers: The Last Knight (2017), Shakespeare's Macheth (2015) mit Michael Fassbender, Ridley Scott's Sience-Fiction-Film Prometheus – Dunkle Zeichen (2012) und Highlander (1986) mit Christopher Lambert und Sean Connery. Skye zieht jährlich rund eine Million Touristen an, die hauptsächlich in den Sommermonaten kommen. Der Tourismus ist einerseits zu einer wichtigen Einnahmequelle geworden. Andererseits sind Infrastruktur und Unterkünfte der enormen Zahl an Besuchern nicht mehr gewachsen. Skye ist eine Insel mit einem großen Outdoorpotenzial und weist zahlreiche Sehenswürdigkeiten auf, die jeder Tourist verständlicherweise unbedingt gesehen haben will. Daher kann es in den Sommermonaten passieren, dass man auf dem Weg zu hochfrequentierten Sehenswürdigkeiten im Stau steht. Ist man dort angekommen, stellt sich das nächste Problem, schließlich suchen alle gleichzeitig einen Parkplatz. Lange Reihen geparkter Autos am Straßenrand sind die Folge. Es gibt Stimmen, die sagen, die Insel sei »...a victim of its own success« (ein Opfer ihres eigenen Erfolgs) geworden. Der Tourismus scheint auf Skye in den Sommermonaten aus der Balance geraten zu sein.

Von Portree führt uns unser Weg weiter in südlicher Richtung auf der Landstraße A 87, bis wir bei Sligachan auf unsere nächste Geschichte stoßen, die uns den Schweiß auf die Stirn treiben wird.

Wee Story 25: Glamaig Hill Race

Bei Loch Sligachan macht die Landstraße A 87 eine scharfe Linkskurve. Dort steht einsam das Sligachan Hotel mit einer malerischen Bergkulisse im Hintergrund, und das ist der Ausgangspunkt unserer nächsten Geschichte.

Der Glamaig

Blicken wir vom Sligachan Hotel aus auf den Berg Glamaig, dann fällt zuerst seine markante Kegelform auf. Der Gipfel liegt 775 Meter über dem Meer, von dem wir hier am Hotel nicht weit entfernt sind. Der Berg besteht eigentlich aus zwei Gipfeln, dem Sgurr Mhairi, den wir vom Hotel aus sehen und dem dahinterliegenden, etwas niedrigeren, durch einen Bergkamm verbundenen An Coileach mit 673 Metern Höhe. Somit hat der Berg je nach Perspektive ein völlig anderes Aussehen. Der untere Teil des Glamaig ist mit Gras bewachsen, das, mit zunehmender Höhe Geröllfeldern weicht.

Barfuß zum Gipfel

Wir gehen nun zurück ins Jahr 1899, genauer gesagt, in den Sommer des Jahres 1899. Der britische Chemiker und leidenschaftliche Bergsteiger Norman Collie war gerade zusammen mit dem britischen Offizier Major Charles Bruce und dem ebenfalls im Dienst der britischen Armee stehenden Gurkha Harkabir Thapa aus dem Himalaya gekommen. Sie hatten sich zuvor gemeinsam an einer Expedition zur Erstbesteigung des 8.000 Meter hohen Nanga Parbat beteiligt. Der Erstbesteigungsversuch hatte in einer Katastrophe geendet, die Collie später in seinem Buch »From the Himalaya to Skye« verarbeitete. Mehrere Expeditionsteilnehmer waren gestorben. Erst im Jahr 1953 sollte der Nanga Parbat erstmalig vom Tiroler Hermann Buhl bestiegen werden.

Zurück in Europa hatten die drei den zwischen Frankreich und Italien gelegenen Mont Blanc und den Monte Rosa in den Walliser Alpen bestiegen, bevor sie zum Bergsteigen auf die Isle of Skye reisten. Eines schönen Sommertages kamen die drei nach Sligachan am Fuß des Glamaig.

Der Gurkha Harkabir Thapa tat hier etwas, das bei den Anwesenden ungläubiges Staunen hervorrief. Er rannte innerhalb einer Stunde und 15 Minuten von der Bar des Sligachan Inn zum Gipfel des Glamaig und wieder zurück.

Als der hiesige Landbesitzer MacLeod of MacLeod gleich nach dem Rennen von der außergewöhnlichen Leistung Thapas hörte, konnte er es schlicht nicht glauben. Hinzu kam, dass Thapa den Glamaig barfuß unterwegs gewesen sein soll. Es kam zum Streit und man überlegte, wie man diesen aus der Welt schaffen könne. Kurzerhand entschied sich Thapa, die Herausforderung noch einmal anzunehmen. Gesagt, getan. – Thapa rannte ein zweites Mal unter den wachsamen Augen aller Anwesenden auf den Glamaig hoch und wieder herunter, allerdings mit dem kleinen Unterschied, dass er dieses Mal 20 Minuten schneller war.

Im Jahr 1987 hatten die Besitzer des Sligachan Hotels, die Campbells, und ein Mitglied des Carnethy Hill Running Club, David Shepherd, die Idee, daraus ein offizielles und organisiertes Bergrennen zu machen. Tragischerweise starb David Shepherd kurze Zeit später bei einem Unfall. Daraufhin tauften die Campbells und der Carnethy Hill Running Club das Rennen nach seinem Namen: David Shepherd Memorial Glamaig Hill Race. Seit 1988 findet es nun jährlich im Juli statt.

Startschuss

Startpunkt des Rennens ist das Sligachan Hotel. Ein Kreidestrich markiert die Start- und Ziellinie. Um 15:00 Uhr fällt der Startschuss. Zunächst geht es über die berühmte zwischen 1810 und 1818 erbaute Steinbrücke über den Sligachan River und dann ein kurzes Stück über die Landstraße A 87, bevor der Weg direkt zum Glamaig Hill hinaufführt. Zu Beginn ist das Läuferfeld noch dicht beieinander, doch schnell zieht es sich wie eine Perlenkette in die Länge, immer länger und länger. Das Rennen findet zwar im Sommer statt, das heißt aber nicht, dass sich der schottische Sommer an sommerliche Gepflogenheiten hält.

Das Ziel ist der Weg

Die Renndistanz ist mit sieben Kilometern relativ kurz. Aber mit 775 Metern Höhenunterschied wird daraus eines der herausforderndsten Bergrennen Schottlands.

Die Isle of Skye wird auch als »The Misty Isle« bezeichnet. Wind und Regen verleihen ihrer gebirgigen Landschaft eine atemberaubende Mystik. Das bedeutet auch, dass sich die Läuferinnen und Läufer dieser Tatsache immer bewusst sein sollten. Das Wetter kann hier besonders schnell umschlagen. Windabweisende und wasserdichte Kleidung zu tragen oder dabei zu haben, ist für die Teilnehmer daher vorgeschrieben.

Einen vorgegebenen oder abgesteckten Weg gibt es nicht. Jeder kann sich seinen Weg zur Bergspitze und zurück selbst suchen. Man schaut nach anderen und trifft dann seine eigene Entscheidung. Schwer atmend erreichen sie die Spitze des Berges. Für den atemberaubenden Blick vom Gipfel haben sie meist keinen Sinn, denn sie wollen ja so schnell wie möglich wieder hinab ins Tal.

Was würden wir sehen, wenn wir hier einfach auf dem Gipfel des Berges stehen blieben, die Zeit anhielten und uns für einen Moment umschauten? – Nördlich sähe man Portree, die größte Stadt auf Skye, und die dahinterliegende Halbinsel Trotternish. Nordwestlich könnten wir die langgezogene Insel Raasay und das schottische Festland im Hintergrund erkennen, getrennt durch die Meerenge Inner Sound. Westlich von uns schmiegte sich die kleine Insel Scalpay an die Küste. Wendeten wir unseren Blick nach Südosten, hätten wir einen Blick auf die felsigen und zerklüfteten, oft wolkenbehangenen Berge der Cullin Hills, die aufgrund unterschiedlicher geologischer Beschaffenheit in die Black Cullins und die Red Cullins (auch Red Hills genannt) unterteilt werden. Die schroffen Black Cullins bestehen aus vulkanischem, grauschwarzem Basalt und Gabbro, die rundlich wirkenden Red Hills vorwiegend aus rötlich schimmerndem Granit. Der Glamaig gehört zu den Red Cullins. Der Sgurr Alasdair mit seinen imposanten 993 Metern ist der höchste Berg der Black Cullins.

Aber für solche Impressionen ist keine Zeit, gilt es jetzt doch, möglichst schnell wieder ins Tal zu gelangen – im Laufschritt. Hinab geht es deutlich schneller als hinauf, dafür ist es aber deutlich gefährlicher, um so mehr, wenn Geschwindigkeit zählt. Stürze mit Verletzungen sind keine Seltenheit.

Völlig fertig, aber glücklich erreichen die Teilnehmer, einer nach dem anderen, das Ziel. Für alle, Läufer und Zuschauer, ist das Glamaig Hill Race ein riesiger Spaß. Hier kommt wirklich jeder auf seine Kosten.

Der Rekord

Übrigens, der Rekord von Thapa, 55 Minuten für die Bezwingung des Glamaig, hielt bis zum Jahr 1997. Erst rund 100 Jahre nach dem Rekordlauf gelang es einem Teilnehmer, das Glamaig Hill Race in weniger als 50 Minuten zu absolvieren.

Die aktuellen Rekorde halten bei den Männern Finlay Wild mit 0:44:22 Minuten, bei den Frauen Jill Stephen mit 0:56:09 Minuten, beide 2018. Sie bestritten das Rennen allerdings mit modernen Sportschuhen und nicht barfuß wie seinerzeit Harkabir Thapa.

Wenn Sie jetzt auch Lust bekommen haben, ihren nächsten Urlaub in einen unvergesslichen Aktiv-Urlaub zu verwandeln, dann sind sie Anfang Juli hier am Glamaig auf der Isle of Skye absolut richtig.

Vom Glamaig zum Glen Coe

Noch etwas außer Puste vom Hill Race verlassen wir Sligachan und wenden uns dem nächsten Ziel unserer Reise zu, dem Tal von Glen Coe, das auch unter dem Namen »Tal der Tränen« bekannt geworden ist. Warum es so genannt wird, dazu kommen wir später... Dorthin können wir auf zwei sehr unterschiedlichen Routen gelangen. Da beide Wege ihren jeweils eigenen Charme haben, möchte ich Ihnen gerne auch beide beschreiben. Sie können dann selbst entscheiden, welchen Sie bevorzugen.

Weg 1: Über die Brücke von Skye

Wir verlassen Sligachan, umrunden den Berg Glamaig zur Hälfte und fahren auf der A 87 an der Küste entlang in östliche Richtung. Am Kyle of Lochalsh gelangen wir zu einer Brücke, die mit zwei Pfeilern einen elegant anmutenden Bogen über die Bucht schlägt und Skye mit dem Festland verbindet. Die 1995 fertiggestellte Brücke machte die seit dem 17. Jahrhundert verkehrende Fähre überflüssig, sie ist aber weiterhin im Dienst und kann als Alternative genutzt werden.

Die 500 Meter lange Brücke war nicht unumstritten, wenngleich der dringliche Wunsch herrschte, eine unkomplizierte Landverbindung herzustellen. Ebenfalls groß war der Widerstand, den die geforderte Maut für die Benutzung des Bauwerks hervorrief. Hin- und Rückfahrt mit dem Auto kosteten 11,40 Pfund. Somit übertraf der Preis erheblich den der Fähre, und die kurze Überquerung der Skye-Brücke wurde zur teuersten in ganz Europa. Zahlreiche Proteste der einheimischen Bevölkerung waren die Folge. In der SKAT-Kampagne (Skye and Kyle Against Tolls) brachten die Schotten ihren Unmut lautstark zum Ausdruck. Im Jahr 2004 wurde die Maut schließlich durch die schottische Regierung eingestellt. Kostenfrei sind wir nun im Handumdrehen über die Brücke gefahren und lassen die Isle of Skye hinter uns.

Das Eilean Donan Castle

Wir fahren weiter auf der Landstraße A 87 am Nordufer von Loch Alsh entlang. Dort, wo die drei Seen Loch Long, Loch Alsh und Loch Duich zusammentreffen, befindet sich bei dem kleinen Städtchen Dornie das Eilean Donan Castle. Stolz thront das Castle auf einer kleinen Insel und ist nur mit einer steinernen Fußgängerbrücke mit dem Festland verbunden. Das Eilean Donan Castle zählt zu den meistbesuchten und meistfotografierten Schlössern in Schottland. Es ist der Stammsitz des Clans der Macrae. Auch als Filmset hat es schon öfter gedient. Im Fantasy-Film »Highlander – Es kann nur einen geben« ritt der Unsterbliche Connor MacLeod, alias Christoper Lambert, 1986 über die Brücke in die Schlacht. Auch Pierce Brosnan verschlug es als James Bond in »Die Welt ist nicht genug« 1999 zum Dreh ins Eilean Donan Castle, das zum schottischen MI6 Hauptquartier wurde.

Auf dem Weg zum Tal von Glencoe führt uns der Weg weiter auf der A 87 durch das von hohen Bergen umgebene Tal Glen Shiel. Im Jahr 1719 erlitten die Jakobiten, unterstützt von spanischen Soldaten, hier eine bittere Niederlage gegen englische Truppen.

Die imposant aufragende Bergkette im Glen Shiel, die Five Sisters, ist besonders bei Wanderern beliebt. Der Legende nach handelt es sich um die fünf älteren von sieben Schwestern. Eines schönen Tages sollen zwei junge irische Prinzen vorbeigekommen sein und sich unsterblich in die beiden jüngsten Schwestern verliebt haben. Der Vater der Töchter sagte, dass erst die fünf älteren Schwestern heiraten müssten, bevor er den beiden jüngeren Schwestern seinen Segen geben könne, denn er hatte Sorge, die älteren nich mehr unter die Haube bringen zu können. Die beiden Prinzen hatten eine scheinbar einfache Lösung für das Problem parat. Sie versicherten dem Vater, dass sie fünf weitere Brüder hätten, die sie nach ihrer Rückkehr nach Irland hierherschicken würden, um die verbliebenen älteren Schwestern zu heiraten. Unter dieser Bedingung stimmte der Vater einer Eheschließung der beiden jüngeren Töchter zu und die beiden Prinzen reisten mit ihren frisch angetrauten Ehefrauen nach Irland zurück. Die Zeit verging und es passierte – Sie ahnen es – nichts! Irgendwie schienen die beiden Prinzen ihr Versprechen vergessen zu haben. Ob es die anderen fünf Brüder überhaupt gegeben hat, kann ich Ihnen nicht sagen. Die fünf älteren Schwestern warteten und warteten und mit der Zeit wurde aus ihnen die markante Gebirgskette, die wir heute als die Five Sisters kennen.

Zunächst am Loch Cluanie entlang folgen wir der A 87, die nach dem See einen Haken in südlicher Richtung schlägt. Bei Invergarry stoßen wir auf die A 82, auf der wir in südlicher Richtung, am Loch Lochy vorbei, bis nach Fort William, fahren. Fort William liegt am südlichen Ende des Great Glen am Fuße des Ben Nevis (1.345 Meter), des höchsten Berges im Vereinigten Königreich. Da hier auch die alternative Route endet, legen wir eine Pause ein, in der wir Fort William erkunden…

Weg 2: Auf den Spuren von Harry Potter

Die alternative Wegstrecke führt von Sligachan an die Südostküste von Skye nach Armadale. Von dort verkehrt eine Fähre nach Mallaig zum schottischen Festland. Mallaig ist ein kleiner Hafenort und eine der beiden Endstationen des Jacobite Steam Train, des berühmten Hogwarts Express'. Den Zug kennen wir ja bereits aus der Geschichte um Bonnie Prince Charlie und die heldenhafte Flora MacDonald.

In Mallaig können wir den Jacobite Steam Train nach Fort William besteigen. Eine vorherige Reservierung ist unbedingt ratsam. Für die 70 Kilometer nach Fort William benötigt der historische Dampfzug rund zwei Stunden. Bequem aus dem Fenster schauend, können wir die schottische Landschaft, vielleicht bei einer guten Tasse Tee, an uns vorbeiziehen lassen und einfach nur genießen.

Dabei kommen wir an Loch Eilt vorbei. Die Insel im See diente als Filmset für das Grab des Schulleiters von Hogwarts, Albus Dumbledore. Ein Stück weiter, bei Glenfinnian am Nordufer von Loch Shiel, passieren wir das halbrunde Viadukt, über das der Hogwarts Express zur Zauberschule fährt. Auch diesen Ort kennen wir bereits aus der Geschichte über den letzten Jakobitenaufstand. Bonnie Prince Charlie landete hier mit sieben Getreuen und startete von hier seinen Aufstand. Unsere Fahrt führt uns weiter am Ufer von Loch Eilt entlang, und wir erreichen das Städtchen Fort William. Von hier aus ist es nicht mehr weit nach Glen

Coe. Am Ostufer von Loch Linnhe fahren wir auf der A 82 weiter in südlicher Richtung und überqueren die Ballachulish Bridge.

Kurze Zeit später erreichen wir das Tal von Glen Coe und warum es das »Tal der Tränen« genannt wird, erzählt uns unsere nächste Geschichte.

Wee Story 26:
Glen Coe – Schottlands Tal der Tränen

Das Tal von Glen Coe

Unsere Geschichte spielt im Tal von Glen Coe, das zu den bekanntesten Tälern in Schottland zählt. Heute wirkt es friedlich, wenn wir die lange Passstraße auf der A 82 entlangfahren. Wie die Überschrift bereits vermuten lässt, fand hier eines der dramatischsten Verbrechen auf schottischem Boden statt. Vom Schulkind bis zum Greis, jeder weiß von dem Ereignis: dem Massaker von Glen Coe im späten 17. Jahrhundert. Eng verbunden bleibt die Tat mit den Clans der MacDonalds und der Campbells. Doch bevor wir zum schändlichen Verbrechen an den MacDonalds kommen, das sich hier zugetragen hat, einige Worte zum Tal selbst. Auf der Landstraße A 82 können wir bequem das Tal durchfahren, das heute als National Nature Reserve ein besonders geschütztes Naturreservat ist. Zahlreiche Parkplätze laden uns zum Anhalten und Genießen der Landschaft ein. Eine wilde, karge Schönheit, die viel zu bieten hat. Bei Wanderern ist Glen Coe weit mehr als ein Geheimtipp. Im Westen des langgezogenen Tals liegen der Loch Leven und die Ortschaft Glencoe. Hier fließt auch der gleichnamige Fluss in den Loch Leven. Im Osten bietet sich uns ein völlig anderes Bild. Hier begrenzt das Hochmoor Rannoch Moor Glen Coe.

Nördlich und südlich von Glen Coe verlaufen hoch aufragende Gebirgsketten, die das Tal abschirmen, ein Umstand, der, wie wir noch sehen werden, auch zu einer tödlichen Falle werden konnte. Bekannte Gebirgszüge auf der Südseite des Tals sind die »Three Sisters of Glencoe« (drei Schwestern von Glencoe) und das schwer zugängliche »Lost Valley« (Coire Gabhail, das verlorene Tal). In dieses Tal sollen die MacDonalds früher von ihren Nachbarn geraubte Schafsherden getrieben und versteckt haben.

Schottische Gastfreundschaft

Wenn Sie Schottland bereisen und die Menschen besser kennenlernen möchten, dann empfehle ich Ihnen unbedingt die in Schottland weit verbreitete Unterkunftsalternative zum Hotel, das Bed & Breakfast (Übernachtung mit Frühstück). Gut und gemütlich eingerichtete Zimmer in einem privaten Haushalt gibt es für jeden Geldbeutel. Für die Dauer ihres Aufenthalts gehören sie gefühlsmäßig quasi zur »Familie«. Oftmals bekommen Sie von den offenherzigen Einheimischen auch hilfreiche Insidertipps zu weniger bekannten Sehenswürdigkeiten und Restaurantempfehlungen in der näheren Umgebung. Bei dieser Form des Reisens habe ich nicht nur viel über die hier lebenden Menschen erfahren, sondern auch bei herzlichen Begegnungen wertvolle Erfahrungen gemacht, die mir eine Hilfe beim Nachjustieren meines Lebenskompasses waren. Allein über meine zahlreichen Erlebnisse in den B&Bs, könnte man ein eigenes Buch schreiben. Die Erfahrung mit der nicht abgeschlossenen Haustür in Tobermory auf der Insel Mull, die ich bereits zu Beginn erwähnt habe, ist so ein Moment, der mir unvergessen bleibt.

Auch die schottische Gastfreundschaft auf der Insel Arran ist mir besonders in Erinnerung geblieben. Ich war dort zweimal, dazwischen vergingen mehrere Jahre. Bei meinem zweiten Besuch B&B forderten mich meine Gastgeber mit Nachdruck auf, nicht wieder so viel Zeit bis zum nächsten Aufenthalt vergehen zu lassen. Zudem sollte ich dann unbedingt mehr Zeit einplanen. Man will mich unbedingt mit dem eigenen Auto herumfahren, um mir ihre Insel aus der Perspektive eines »Insulaners« zeigen zu können.

Wenn ich eines in Schottland gelernt habe, dann, dass man sich hier dem Gast besonders verpflichtet fühlt. In Schottland wird Gastfreundschaft nicht nur großgeschrieben, sie wird auch herzlich gelebt. Gastfreundschaft hat einen besonderen Stellenwert… und was passiert, wenn man sie bricht, erfahren wir jetzt.

Schottische Clans

In der Vergangenheit lebten die Einwohner Schottlands in einem Clansystem. Jede Schottin und jeder Schotte gehörte zu einem Clan, der aus einem Zusammenschluss (entfernt) verwandter Familien bestand. Das gälische Wort »Clann« bedeutet übersetzt »Kinder«. Die Clans lebten in einem fest umrissenen Landstrich, den sie gegen Übergriffe anderer Clans verteidigten. Jedem Clan stand ein Chief vor, der innere Streitigkeiten schlichtete und nach außen hin Schutz bot.

Der Clan dieser Geschichte ist derjenige der MacDonalds. Die MacDonalds von Glen Coe waren ein kleiner Teil des mächtigen Highland Clans, sie waren seit dem 14. Jahrhundert hier ansässig und treue Unterstützer der Stuarts, also Jakobiten. Allerdings waren sie auch kein Clan von Traurigkeit. Die Lebensumstände in den Highlands waren damals hart und die »guten alten Zeiten« waren voll von Entbehrungen, Leid und geprägt von einem ständigen Kampf ums Überleben. Da kam man schnell mal mit dem Gesetz in Konflikt. Blutige Clanrivalitäten waren an der Tagesordnung. Dabei ging es um Land und Viehherden, aber auch um die Ehre. Die MacDonalds und die benachbarten regierungstreuen Campbells waren zwei solcher Clans. Sie lagen des Öfteren im Clinch.

Die Ausgangssituation: Die »Glorious Revolution«

König Jakob II. von England (ein katholischer Stuart) war gleichzeitig König Jakob VII. von Schottland. Im Jahr 1688 setzte ihn das englische Parlament ab und übergab die Krone seinem Schwiegersohn Wilhelm von Oranien. Die Revolte wurde als »Glorious Revolution« bekannt. Das schottische Parlament akzeptierte den neuen König erst nach langem Zögern. Die schottischen Highland Clans dagegen verweigerten ihm die Gefolgschaft. Das war der Beginn der Rebellion der Jakobiten. Am 1. Mai 1690 wurden die Jakobiten in der Schlacht von Cromdale von englischen Truppen geschlagen. Um die schottischen Highlands zu befrieden, bot Wilhelm von Oranien am 27. August 1691 den am Aufstand beteiligten Highland Clans eine Amnestie an. Zudem suchte er einen Weg, dort gebundene englische Truppen abziehen zu können, die er dringend für seinen Krieg mit Frankreich brauchte.

Das Ultimatum

Bis zum 1. Januar 1692, so seine Bedingung, sollten die Clans ihm einen Treueeid schwören. Sollte dies nicht geschehen, werte man das als Hochverrat, der mit dem Tod bestraft werden müsse. Das sorgte für Unruhe unter den Clans. Einige leisteten unverzüglich den geforderten Treueeid auf den neuen König. Andere, die sich immer noch ihrem abgesetzten König Jakob verpflichtet sahen, konnten sich nicht dazu durchringen. Mittlerweile befand sich Jakob im französischen Exil. Zunächst zögerte er die Zustimmung zur Entbindung von seinem Eid heraus, denn er hatte die Hoffnung, auf den Thron zurückkehren zu können, noch nicht aufgegeben. So verging wertvolle Zeit, bis endlich am 12. Dezember 1691 die Nachricht eintraf, die die Clans von ihrem Treueeid entband. Nun konnten auch die Jakobtreuen Clans den Eid auf König Wilhelm von Oranien leisten.

Der Treueid

Alastair MacDonald, 12. Chief von Glencoe, war einer dieser Clan-Chefs. Er zögerte seinen Treueeid bis zuletzt hinaus. Am 31. Dezember 1691 ging er nach Fort William, um den geforderten Treueeid auf den König zu leisten. Dort angekommen, erklärte ihm der örtliche Kommandant Colonel Hill, dass er zur Abnahme des Eids nicht ermächtig sei. Dies sei nur in Inveraray vor Sir Colin Campbell, dem Sheriff von Argyll möglich. Zur Sicherheit gab Hill ihm einen Schutzbrief für Sir Colin Campbell mit, in welchem er ihm bestätigte, dass MacDonald fristgerecht in Fort William erschienen sei, um den Eid auf den König abzulegen. Zudem sicherte er ihm in dem Schreiben zu, dass MacDonald keine Repressalien zu befürchten habe, ohne vorher vom König gehört zu werden. Mit dem Schriftstück eilte MacDonald nun nach Inveraray. Wegen des winterlichen Wetters benötigte MacDonald drei Tage für die Wegstrecke, bloß um dort zu erfahren, das Sir Colin Campbell nicht da sei. Also musste er drei weitere Tage warten, bis Campbell zurückkehrte und er den Eid schwören konnte.

Die Gelegenheit war günstig

Nachdem er den Treueeid geleistet hatte, kehrte Alastair MacDonald zu seinem Clan zurück, in bestem Glauben, alles sei in Ordnung. Von dem Unheil, das sich gegen ihn und seinen Clan zusammenbraute, hatte er nicht die geringste Ahnung. Was die MacDonalds in ihrem abgeschiedenen Tal von Glen Coe nicht wussten: an ihnen sollte ein Exempel statuiert werden. Sie wurden Teil in einem größeren politischen Spiel um Macht und sie schienen als Opfer bestens geeignet.

Die zentrale Figur bei der geplanten Bestrafung der MacDonalds war der vom König eingesetzte Secretary of State, der 1st Earl of Stair, John Dalrymple. Als Lowlander hasste er die Highlander und ihre Lebensweise von Grund auf. Da bot ihm der verspätete Treueeid eine günstige Gelegenheit, den MacDonalds eine Lektion zu erteilen, die auch die anderen Highland-Clans verstehen würden und sie nach der Niederschlagung des ersten Jakobitenaufstands einschüchtern sollte. Da ersann John Dalrymple konspirativ einen perfiden Plan.

Die Vorbereitung

Am 1. Februar 1692 wurden zwei Kompanien (rund 120 Mann) des Regiments des Earl of Argyll unter dem Kommando von Robert Campbell of Glenlyon in Marsch gesetzt. Ihr Ziel waren die MacDonalds des Glen Coe. Dort angekommen, wurden die Soldaten, wie es der Gastfreundschaft der Highland-Tradition entsprach, von den MacDonalds freundlich empfangen, in ihren Häusern einquartiert und verpflegt.

Da Captain Campbell mit Alastair MacDonald durch eine Heirat verwandt war – der jüngste Sohn von Alastair MacDonald war mit der Nichte von Captain Campbell verheiratet – wohnte er im Haus des Clan-Chefs. Wie selbstverständlich ging Captain Campbell von nun an täglich im Haus seines Verwandten ein und aus. Bis dahin verlief der Besuch der Soldaten bei den MacDonalds völlig harmonisch. Man lebte unter einem Dach, vertrieb sich die Zeit, teilte das Essen miteinander und unterhielt sich.

Alles änderte sich mit der Ankunft von Captain Drummond am 12. Februar 1691. Er überbrachte Captain Campbell den schriftlichen Befehl eines Majors Duncanson, der für die MacDonalds das Todesurteil bedeuten sollte. Darin stand geschrieben, dass er beauftragt sei, alle MacDonalds, die jünger als 70 Jahre alt sind, zu töten. Insbesondere solle darauf geachtet werden, dass der »alte Fuchs« (gemeint ist der Clan-Chef) und seine Söhne unter den Toten seien. Entsprechende Vorsichtsmaßnahmen seien zu treffen, damit niemand entkommen könne. Auszuführen sei der Befehl am morgigen Tag, dem 13. Februar 1691, genau um fünf Uhr morgens. Major Duncanson kündigte zudem sein Erscheinen mit einer weiteren Armeeeinheit im Glen Coe zur Unterstützung an. Captain Campbell wurde in dem Befehl verdeutlicht, dass dieser Auftrag direkt vom König komme und, falls er die Ausführung verweigere, als Feind des Königs angesehen werde. Das Schriftstück hat übrigens bis heute überdauert und wird im National Museum of Scotland in Edinburgh ausgestellt.

Captain Drummond ließ sich nicht anmerken, welche Katastrophe am kommenden Tag ihren Lauf nehmen würde. Er vertrieb sich die Zeit bis dahin, indem er mit seinen ahnungslosen Opfern Karten spielte. Auch eine Einladung zum Essen für den kommenden Tag soll er noch freundlich angenommen haben. Dann brach die Nacht herein…

Das Massaker

Pünktlich morgens um fünf Uhr am 13. Februar 1692 begann dann das Morden. Der Clan-Chef Alastair MacDonald wurde, wie es der Befehl verlangte, in seinem Haus getötet. Einigen seiner Söhne hingegen gelang die Flucht. 38 Männer des Clans wurden in ihren Häusern oder auf der

Flucht getötet. An Gegenwehr der MacDonalds war nicht zu denken. Viele starben im Schlaf oder wurden von der Übermacht überwältigt. Die Häuser wurden von den Soldaten in Brand gesteckt. Wer fliehen konnte, fand sich den harten winterlichen Bedingungen ungeschützt ausgesetzt. An dem Morgen tobte ein eisiger Wintersturm durch das Tal. 40 Frauen und Kinder erfroren auf der Flucht. Es gab aber auch Soldaten, die sich dem Mord an ihren Gastgebern nicht anschlossen, ihre Opfer warnten und sie so entkommen ließen.

Um den Flüchtenden den Weg zu versperren, hatte man weitere Soldaten zu den beiden Eingängen des Tals befohlen. Niemand sollte entkommen. Beide Armeeeinheiten erreichten ihre zugewiesenen Positionen jedoch nicht rechtzeitig. Ob der tobende Schneesturm sie behinderte oder ob die Soldaten sich nicht an einem so verwerflichen Verbrechen beteiligen wollten und daher absichtlich zu spät kamen, bleibt offen.

Die Folgen

Nach Bekanntwerden des Massakers im Glen Coe fuhr eine Welle der Empörung durch ganz Schottland. Der Missbrauch des in Schottland immens hoch angesehenen Gastrechts durch die Campbells wurde aufs Schärfste verurteilt. Durch die Beteiligung der Soldaten des Argyll-Regiments und deren Anführer, Captain Robert Campbell, wurde das Massaker an den MacDonalds vordergründig als Racheaktion einer seit langem andauernden Clanfehde gesehen.

Schließlich hatten die MacDonalds Jahre zuvor, 1689, auf dem Rückweg von der verlorenen Schlacht von Dunkeld, Vieh der Campbells gestohlen. Dies hatte für Robert Campbell weitreichende Folgen, blieb für die MacDonalds jedoch ohne Konsequenzen. Da Campbell, finanziell ohnehin in Bedrängnis, durch den nicht kompensierten Viehdiebstahl in noch größere Schwierigkeiten geraten war, trat er als Offizier in die Dienste der Krone ein.

Die Auslegung als Rachefeldzug konnte einer genaueren Prüfung jedoch nicht standhalten. Das Massaker vom Glen Coe war entgegen aller Versuche, es als Clanfehde darzustellen, ein politisch motiviertes Verbrechen, wenngleich es für Robert Campbell auch eine Gelegenheit zur Rache an den MacDonalds gewesen wäre, die er für seine prekäre Lage mitverantwortlich gemacht haben dürfte.

Die Untersuchung

Die Jakobiten wussten diesen ungeheuerlichen Vorgang für ihre Propaganda gegen die englische Regierung zu nutzen. Das schottische Parlament verurteilte die Vorgänge im Glen Coe als Mord. Eine Untersuchung wurde angeordnet. John Dalrymple wurde zum Rücktritt gedrängt und zum Schuldigen erklärt. Mehr passierte ihm aber nicht. Der König hingegen, der den Befehl gegeben hatte, wurde für unschuldig erklärt. Schlussendlich wurde niemand für die Taten im Glen Coe zur Rechenschaft gezogen, auch Captain Campbell nicht.

Das Clachaig Inn

Etwa drei Kilometer von der Ortschaft Glencoe entfernt liegt idyllisch in der Natur umgeben von hoch aufragenden Bergen das Clachaig Inn, ein Hotel mit Pub, das besonders bei Wanderern beliebt ist. Bis vor einigen Jahren prangte ein Schild an der Tür mit der Aufschrift: »NO HAWKERS OR CAMPBELLS« (Keine Hausierer oder Campbells).

Früher wurde Kindern als Folge des Massakers an den MacDonalds warnend mit auf den Weg gegeben: »Never trust a Campbell« (Traue niemals einem Campbell). Ich kann das für mich nicht bestätigen. Eine meiner Tour-Guides war eine Campbell, und das war eine der besten Reisen durch Schottland, die ich unternommen habe…;-)

Das Denkmal

In der Ortschaft Glencoe wurden im Jahr 1883 zum Gedenken an das Massaker ein steinernes Kreuz mit einem runden eisernen Zaun darum und ein Gedenkstein errichtet. An jedem 13. Februar findet dort eine Gedenkfeier mit Kranzniederlegung statt, zu der Mitglieder des Clans der MacDonalds aus der ganzen Welt anreisen.

Die schottische Folkband »The Corries« veröffentlichte 1975 ihr Lied »Massacre of Glencoe« und setzte den MacDonalds damit auf ihre Weise ein Denkmal.

Glen Coe als Drehort

Im Tal von Glen Coe wurden auch des Öfteren Filmszenen gedreht. In »Skyfall« (2012) fährt James Bond (Daniel Craig) mit seinem silberfarbenen Aston Martin durch Glen Coe. In der Skyfall Lodge, seinem »Elternhaus«, kommt es gegen Ende des Films zur großen Schießerei. Ja, der kleine James wuchs hier auf, bis seine Eltern starben. Die Skyfall Lodge ist allerdings ein fiktiver Ort. Daher können wir uns die Suche danach schenken und weiter die Schönheit des Tals genießen.

Hagrid's Hütte aus dem dritten Harry-Potter-Film »Der Gefangene von Askaban« (2003) stand gegenüber vom Clachaig Inn in. In Schottland aber gilt die Regel, dass der Drehort so hinterlassen werden muss, wie er vorgefunden wurde. Also nicht wundern, wenn sie dort vorbeischauen und die Hütte absolut nicht finden können.

Auch Szenen für »Highlander« (1986) mit Sean Connery und Christopher Lambert wurden hier gedreht. Rob Roy MacGregor (Liam Neeson) kämpft hier in »Rob Roy« (1995) gegen das ihm zugefügte Unrecht, nachdem ihm das geliehene Geld gestohlen worden ist. Bei der satirischen Verfilmung der Artus-Sage und der Suche nach dem heiligen Gral, kam die britische Komiker-Truppe von Monty Python (1975) in »Die Ritter der Kokosnuss« auch durch das Tal.

Vom Glen Coe zum Loch Lomond

Wir verlassen das geschichtsträchtige Tal von Glen Coe und durchfahren auf der Landstraße A 82 in südlicher Richtung das Rannoch Moor. Die nahezu unberührte Hochplateau-Landschaft ist durch zahlreiche Seen und Moore charakterisiert. Hier befindet sich auch eines von Schottlands Skigebieten, das Glencoe Mountain Resort. Bequem können wir uns mit einem Sessellift den Berg hochfahren lassen (auch im Sommer). Von der Bergstation aus haben wir einen fantastischen Blick über das weiträumige Tal mit seinen zahlreichen Seen.

Nachdem wir das Glen Orchy passiert haben, erreichen wir die »bonnie banks« (schönen Ufer) von Loch Lomond. Der See zählt zu den bekanntesten und schönsten Schottlands. Er liegt im schönen und abwechslungsreichen »Loch Lomond and The Trossachs National Park«, der auf einer Fläche von fast 1.900 Quadratkilometern insgesamt 22 Lochs (Seen) und unzählige Berge und Wälder umfasst. Der Loch Lomond ist mit etwa 71 Quadratkilometern Wasserfläche der größte Süßwassersee im Vereinigten Königreich, 39 Kilometer lang und bis zu 190 Meter tief. Im Norden schlängelt er sich durch ein schmales, von hohen Bergen, wie dem Ben Lomond, umgebenes Tal. Im Süden, wo er deutlich breiter ist, zieren ihn zahlreiche bewohnte, wie unbewohnte Inseln.

Die Landstraße A 82 führt am gesamten Westufer des Loch Lomond entlang und bietet uns viele schöne Ausblicke. Der bei Wanderern äußerst beliebte West Highland Way, der von Milngavie (nördlich von Glasgow) bis nach Fort William verläuft, führt am Ostufer des Loch Lomond entlang. Für diejenigen unter uns, die es etwas ruhiger haben wollen, dürfte das eine gute Alternative zur lebendigen Westseite sein, auf der die Landstraße in den Sommermonaten für einigen Trubel sorgt.

Der Loch Lomond ist bei den Einwohnern von Glasgow als Ausflugsziel und Naherholungsgebiet besonders beliebt. In nicht einmal einer

Autostunde kann man der mitunter hektisch wirkenden Metropole am Clyde entfliehen und hier Natur pur genießen.

Ein scheues Seeungeheuer, wie das »Monster« von Loch Ness, ist hier zwar nicht zuhause, eine spannende Geschichte, hat aber auch dieser See zu erzählen.

Wee Story 27: Die »High Roads« und »Low Roads« des Loch Lomond

Der Loch Lomond wird regelmäßig in die Top Ten der beliebtesten Naturdenkmäler des Landes gewählt. Über seinen Ufern liegt neben all seiner Schönheit auch eine Tragik, die mit der Geschichte Schottlands tief verwurzelt ist. Über die Jahrhunderte diente der Loch Lomond als Vorlage für zahlreiche Geschichten und Lieder.

Tragisch-romantische Rebellengeschichten

Hier geht es um zwei Geschichten, die sich um die Entstehung des Loch-Lomond-Liedes, insbesondere seines Refrains ranken. Sie spielen zur Zeit des zweiten Jakobitenaufstandes. In der Schlacht von Culloden (bei Inverness) wurde die Armee von Bonnie Prince Charlie, wie wir ja bereits aus einer vorherigen Geschichte wissen, durch englische Truppen vernichtend geschlagen. Die an der Schlacht beteiligten Highlander und ihre Clans wurden daraufhin von den englischen Truppen verfolgt, viele von ihnen gefangen genommen und getötet.

Eine Geschichte beruht auf einem Brief, den der junge Jakobiten-Soldat Donald McDonald von den McDonalds von Keppoch an seine Geliebte Moira geschrieben haben soll. Er sehnte sich schmerzlich nach ihr, während er in der Burg von Carlisle (in Nordengland) inhaftiert war und auf seine Hinrichtung wartete. Im Refrain des Liedes Loch Lomond heißt es: »Where me and my true love will never meet again, on the bonnie, bonnie banks of Loch Lomond.«

Eine andere Geschichte geht so: Als die englischen Soldaten feststellten, dass es sich bei einigen inhaftierten Jakobiten in der Burg von Carlisle um Clanmitglieder, insbesondere um ein Brüderpaar handelte, stellten die englischen Bewacher beide vor eine grausame Wahl. Für Einen bringe der kommende Tag den Tod, der Andere werde freigelassen und dürfe unbehelligt nach Hause gehen. So berieten sich die beiden Brüder. Der ältere Bruder hatte eine Frau und Kinder, die Zuhause auf ihn warteten. Auf den jüngeren Bruder wartete seine Angebetete. Der Ältere führte als Argument für seinen Tod ins Feld, dass er bereits länger gelebt habe und sein jüngerer Bruder ja noch sein ganzes Leben vor sich habe. Der Jüngere entgegnete ihm, dass auf ihn, seinen älteren Bruder, zuhause Frau und Kinder warteten und er für den Clan zu wichtig sei. So ging es hin und her. Da beide den jeweils anderen nicht in den Tod schicken konnten, entschied sich der jüngere Bruder für den Tod. Er teilte den Wachen seinen Entschluss mit, während der ältere Bruder schlief. Im Refrain des Loch-Lomond-Liedes heißt es: »You'll take the high road and I'll take the low road, And I'll be in Scotland before you.« So wurde der jüngere Bruder am kommenden Tag hingerichtet und soll auf der »Low Road« zurück in das Land seines Clans gegangen sein, während der ältere Bruder auf der »High Road« lebend zum Clan zurückkehrte.

Schottlands Feen

Jetzt stellt sich uns die Frage, was denn genau die »Low Road« ist, auf der die Toten in das Land ihres Clans zurückkehren können. Dazu machen wir einen Ausflug in die schottische Fabelwelt. Es heißt, in Schottland seien Feen ein weit verbreitetes Erdvolk, das dort sein eigenes Wegesysteme habe. Die Feen-Zeit vergehe viel schneller als die Menschen-Zeit. Wenn ein Mensch stirbt, so der Glaube, gelange die Menschenseele über die Wege der Feen, die »Low Roads«, direkt zurück zu seinem Geburtsort.

Dabei ist, so habe ich es mir in Schottland sagen lassen, von entscheidender Bedeutung, wie die Feen den »Reisenden« beurteilen. Wenn sie eine schlechte Meinung von ihm haben, dann können sie ungemein böse sein und ihm sogar die Durchreise verweigern. Haben sie hingegen eine gute Meinung, dann lassen sie die Seele auf ihren Feen-Wegen reisen. Was nun ausschlaggebend für die Meinungsbildung der Feen ist, konnte ich noch nicht abschließend in Erfahrung bringen. Feen sind mir bisher, außer in ihren zahlreichen Geschichten bei meinen Reisen, noch nicht persönlich begegnet.

Die Isle of Skye gilt in Bezug auf Feen als Hotspot. Das Fairy Glen, das Feen-Tal bei Uig auf Skye, ist so ein markanter magischer, ein märchenhafter Ort. Steil aufragende mit Gras bewachsene Hügel und Täler geben dem Fairy Glen sein besonderes Aussehen. Ein Felssockel, genannt Castle Ewen, ragt steil heraus und hat die Form eines mittelalterlichen Turms. Über einen steilen Pfad können wir mit etwas Klettergeschick auf die abgeflachte Spitze gelangen und haben so einen schönen Ausblick über das Feen-Tal. Das Fairy Glen ist ein Ort, den man mit Ruhe auf sich wirken lassen muss. Und ganz wichtig: Ich habe mir dort sagen lassen, dass die Feen es gar nicht mögen, wenn man etwas, und sei es auch noch so klein wie eine Blume, ein Stück Schafswolle oder ähnliches, von dort mitnimmt. Dann komme ihre bösartige Seite zum Tragen und man habe so lange Pech, bis man das von dort »entwendete« Stück wieder zurückbringe. Also wenn Sie mal im Feen-Tal vorbeischauen, seien Sie gewarnt! ;-)

Das Dunvegan Castle auf der Isle of Skye ist das Zuhause des Clans der MacLeods. Hier wird die Fairy Flag, die »Feen-Fahne« aufbewahrt. Sie soll den MacLeods vor langer Zeit übergeben worden sein und das sieht man ihr auch an. Ihr Zustand ist nicht mehr taufrisch. Die Geschichte besagt, dass die Feen-Fahne den Clan beschütze, solange sie in seinem Besitz sei. Daher passen die MacLeods auch besonders auf das gute Stück auf.

Falls Sie mal mit Feen baden wollen, dann könnten die Fairy Pools am Fuße der Black Cullins auf Skye für Sie der richtige Ort sein. Dort erwarten uns kristallklares Wasser und natürliche Wasserfälle.

Schottisches Volkslied

Andrew Lang dichtete, möglicherweise inspiriert von dem Brief des zu Beginn der Geschichte erwähnten gefangengenommenen Soldaten Donald MacDonald, seine 1876 erschienen Verse über die Bonnie Banks o' Loch Lomond. Aus den Versen wurde mit der Zeit das traditionelle schottische Volkslied »The Bonnie Banks of Loch Lomond«. Im Lied werden zwar die Bonnie Banks of Loch Lomond besungen, doch geht es im Lied, wie wir gesehen haben, gar nicht um die Schönheit des Sees.

Zahlreiche Bands interpretierten das Todeslied in ihrem Musikstil. Zu den bekanntesten zählen die Folk-Band The Corries und die Folk-Rock-Band Runrig. Durch Runrig wurde es zum international bekannten Pop-Song, zu dem auf jeder Party wild getanzt wird. Im Refrain heißt es:

You'll take the high road and I'll take the low road
And I'll be in Scotland before you
Where me and my true love will never meet again
On the bonnie bonnie banks of Loch Lomond

Vielen Schotten ist die Tragik, die mit diesem Lied verbunden ist, offenbar gar nicht bekannt. Der Song wird in Schottland so ziemlich bei jeder Gelegenheit gespielt, sei es vor Fußballspielen oder bei Beerdigungen, und auch bei schottischen Hochzeitsfeiern darf er nicht fehlen. Die Gäste tanzen in der Regel gemeinsam auf der Tanzfläche. Doch Achtung! Sollten Sie mal zu einer schottischen Hochzeit eingeladen sein, überlegen Sie sich gut, ob Sie mittanzen (sollten). Lied und Tanz beginnen recht harmlos und gediegen, von Strophe zu Strophe steigern sie sich dann aber zu einem chaotischen Wirbel unter lautem Mitsingen aller Beteiligten.

Vom Loch Lomond nach Callander

Das Loch-Lomond-Lied noch vor uns hin summend, verlassen wir die »bonnie banks« des geschichtsträchtigen Sees und richten unseren Blick auf das östlich gelegene kleine Städtchen Callander.

Um dorthin zu gelangen, umrunden wir das Südufer des Loch Lomond und suchen uns unseren Weg in nordöstlicher Richtung. Vorbei an Drymen und Gartmore fahren wir durch Aberfoyle, dann über den Duke's Pass, der seinen Namen dem Duke of Montrose verdankt, der die Straße im Jahr 1885 bauen ließ. Nicht weit entfernt sehen wir die Ostspitze von Loch Katrine. Jetzt befinden wir uns mitten in den Trossachs. Über die A 821 fahren wir am Nordufer von Loch Venachar entlang, bis wir kurz darauf Callander, den Hauptort der Trossachs erreichen.

Callander ist eine kleine Stadt an den Ufern des Flusses Teith. Die Stadt schmiegt sich an die langgezogene Hauptstraße, die mit zahlreichen Geschäften, Souvenirläden und Restaurants gespickt ist. Sie hat sich auf den Touristenstrom ausgerichtet, der jedes Jahr hier durchkommt.

Uns interessieren hier nicht die Verlockungen der Schaufenster, sondern eine Frau namens Helen Duncan, die hier im Jahr 1897 geboren wurde. Von ihr und ihren speziellen Fähigkeiten handelt die folgende Geschichte.

Wee Story 28: Schottlands letzte Hexe?

Hexenverfolgung in Schottland

Wenn wir an Hexen denken, dann kommen uns schnell Bilder von Frauen in den Sinn, die magische Kräfte haben, auf Besen durch die Nacht fliegen und mit dem Teufel im Bunde stehen. Zur Zeit der Hexenverfolgungen zwischen dem 15. und 18. Jahrhundert war man nicht zimperlich im Umgang mit Frauen, die der Hexerei verdächtigt wurden. Waren sie einmal angeklagt, endete ihr Leben nicht selten auf dem Scheiterhaufen. Jede Frau konnte es treffen, oftmals reichte bereits eine Denunziation für einen Prozess. Die vermeintlichen Hexen wurden verhört und gefoltert, ihnen wurden unter Zufügung größter Schmerzen »Geständnisse« und Namen von »Komplizinnen« abgepresst, die dann ihrerseits in die tödliche Prozessmühle gerieten.

Während der Hexenverfolgung wurden allein in Schottland rund 4.000 Frauen als »Hexen« verbrannt. Im deutlich bevölkerungsreicheren England waren es im gleichen Zeitraum etwa 1.000. König Jakob VI. von Schottland, der erste König, der sowohl Schottland (seit 1567) als auch England (als Jakob I. von England seit 1603) regierte, fühlte sich von Hexen verfolgt. Er verfasste 1597 ein dreibändiges Handbuch mit dem Titel »Daemonologie« und beschrieb darin den damaligen Stand des »Wissens« über die Hexerei. Inspiriert von den Hexenprozessen von North Berwick wollte er die Hexenverfolgung in England und Schottland fördern.

1727 wurde in Großbritannien, in Sutherland, mit Janet Horne die letzte Hexe »legal« verbrannt. Hornes Tochter hatte deformierte Hände und Füße. Horne wurde vorgeworfen, sie habe ihre Tochter in ein Pony verwandelt und sei damit zu einer Hexenversammlung geritten. Dort habe der Teufel das Pony beschlagen und mit Janet getanzt. Horne wurde entkleidet, geteert und gefedert, in ein Fass gesteckt und in einer Prozession durch die Straßen zur Hinrichtungsstelle gezerrt.

Heute haben die Bücher und Filme über den von Joanne K. Rowling erfundenen Zauberschüler Harry Potter ein ganz neues Bild von der Welt der Zauberer und Hexen geschaffen.

Doch unsere Geschichte spielte sich nicht in der frühen Neuzeit ab, sondern im 20. Jahrhundert, genauer gesagt im Jahr 1944! Die Protagonistin unserer Geschichte, Helen Duncan, war die letzte Person, die im Vereinigten Königreich angeklagt wurde, weil sie »Hexerei« zu ihrer Profession gemacht hatte. Was verleitete die britische Regierung dazu, auf ein altertümliches Gesetz namens »Witchcraft Act« – also ungefähr »Zauberkraftgesetz« – zurückzugreifen, das seit über einem Jahrhundert nicht mehr angewandt worden war? Wie es dazu kam, erfahren Sie hier:

Helen Duncan

Helen Duncan wurde am 25. November 1897 im schottischen Callander, in Perthshire, unter dem Namen Victoria Helen Mac Farlane als viertes von elf Kindern geboren. Bereits mit sieben Jahren glaubte sie, übersinnliche Fähigkeiten zu haben. Da sie gerne Unglücke prophezeite, handelte sie sich schnell den Spitznamen »Hellish Nell« ein.

Helen Duncan wurde jung und unverheiratet schwanger. Über den Vater des Kindes ist nichts bekannt. Man schickte sie von Callander nach Dundee, wo sie ihr Kind bekam, eine Tochter. Als junge unverheiratete

Frau mit einem unehelichen Kind waren ihre Lebensperspektiven zur damaligen Zeit nicht besonders gut. Wie dem auch sei, in Dundee traf Helen den als Invalide aus dem Ersten Weltkrieg zurückgekehrten Henry Duncan, der sich augenblicklich in sie verliebte und ihr Herz eroberte. Im darauffolgenden Jahr heirateten die beiden. Sie hatte nun einen Mann, und das Kind hatte einen Vater. Im Laufe der Zeit kamen weitere fünf Geschwister hinzu.

Das Medium

War Helen Duncan nun ein außergewöhnliches Medium, schlicht eine Betrügerin oder eine tüchtige Geschäftsfrau? – Der Fall ist kompliziert.

Aufgrund der Invalidität ihres Mannes wurde sie zur einzigen Versorgerin der Familie. Auf ihren Schultern lastete ein enormer Druck und da besann sie sich in ihrer Not auf ihr Talent als Hellseherin und las die Zukunft aus Teeblättern.

Zur Zeit des Ersten Weltkriegs und in den 1920er Jahren kam es zu einem wahren Spritualismus-Boom. Séancen wurden zunehmend populär. Viele Menschen hatten im Krieg einen Angehörigen oder lieben Menschen verloren und hofften in ihrem Schmerz oder ihrer Verzweiflung durch Séancen mit ihnen im Jenseits Kontakt aufnehmen zu können.

Der Schriftsteller Sir Arthur Conan Doyle (Erfinder des berühmten Kriminalisten Sherlock Holmes) zählte zu den prominentesten Unterstützern von Séancen und glaubte ebenfalls fest an das Übersinnliche, hatte er doch kurz vor Ende des Ersten Weltkriegs einen seiner Söhne verloren. Für Doyle stand fest, dass Geister tatsächlich existieren und man über Séancen mit ihnen in Kontakt treten konnte.

Helen Duncan nutzte die Gunst der Stunde und reiste fortan als Geisterbeschwörerin durch das ganze Land, um als Medium ihre Séancen abzuhalten. Mit zunehmendem Erfolg verfeinerte sie den Ablauf ihrer Veranstaltungen. Sie gab vor, Kontakt zu Toten aufnehmen zu können. Im Dunklen oder bei spärlichem roten Licht saß sie mit zehn bis zwölf Personen in einem Raum und brachte sich in einen tranceähnlichen Zustand. Dann nahm sie Kontakt zur Geisterwelt auf und sprach durch den herbeigerufenen Verstorbenen zu dessen Verwandten oder Freunden. Dabei würgte die korpulente Frau zum richtigen Zeitpunkt eine zuvor geschluckte milchig-weiße Substanz, sogenanntes Ektoplasma, hervor. Das Ektoplasma soll die Form des jeweils gerufenen Geistes angenommen haben.

Es kamen immer mal wieder Zweifel an ihren »übersinnlichen« Fähigkeiten auf. 1933 wurde sie als Betrügerin verurteilt, was ihr und ihren Geschäften aber nicht sonderlich schadete.

Helen Duncan hielt sich bevorzugt dort auf, wo ihre »Dienste« am meisten gebraucht wurden. Dafür waren Hafenstädte wie Portsmouth bestens geeignet. Die Zeit verging und als der Zweite Weltkrieg ausbrach, stieg der Bedarf an Geisterbeschwörungen, wie auch schon zu Zeiten des Ersten Weltkriegs, erneut in ungeahnte Höhen.

Unter Spionageverdacht

Während des Zweiten Weltkriegs erregten ihre Séancen die Aufmerksamkeit der britischen Regierung. Alles begann bereits Ende des Jahres 1941. Duncan sprach während einer Séance durch einen toten Seemann zu dessen Mutter. Dieser war auf der HMS Barham, einem Schlachtschiff der Royal Navy stationiert gewesen, das am 25. November 1941 im Mittelmeer von dem deutschen U-Boot, U 331, torpediert worden und gesunken war. Die britische Kriegsmarine hatte zu dem Zeitpunkt den Verlust des Kriegsschiffes und der 800 Mann zählenden Besatzung mit Blick auf die Kriegsmoral noch nicht preisgegeben. Erst Ende Januar 1942 sollte die Öffentlichkeit davon erfahren. Woher Helen Duncan vom Verlust des Schiffes wusste, ist bis heute unklar. Für den britischen Geheimdienst war von da an allerdings klar, dass Duncans spirituelle Sitzungen jedefalls ein gravierendes Sicherheitsproblem darstellten. Man nahm sie von nun an genauer unter die Lupe. Am 19. Januar 1944 stürmte die Polizei in Portsmouth eine ihrer Séancen und verhaftete sie.

Doch welchen Grund hatte ihre Verhaftung? – Die Landung der alliierten Truppen in der Normandie, der D-Day, stand unmittelbar bevor. Die britische Regierung reagierte im Vorfeld der Landung übertrieben paranoid. Duncan geriet in den Verdacht, eine Spionin zu sein. Zumindest sah man in ihr eine Gefahr für die nationale Sicherheit. Man befürchtete, dass Duncan militärische Geheimnisse über die Landung zur Kenntnis gekommen sein könnten und die gesamte Landungsoperation gefährdet sei, wenn Ort oder Zeitpunkt irgendwie durchsickerten. Und dem müsste mit allen Mitteln entgegengewirkt werden. So rückte Helen Duncan mit ihren Séancen in den Fokus und musste irgendwie aus dem Verkehr gezogen werden. Aber wie, dachte man sich? Darüber haben sich die Strategen bestimmt lange den Kopf zerbrochen. Mit einer Anklage durch den Witchcraft Act aus dem Jahr 1735 hatten sie sich allerdings nicht für einen leisen Weg entschieden. Das Medieninteresse war entsprechend groß. Möglicherweise war der Regierung auf die Schnelle nichts Besseres eingefallen, denn die Zeit drängte.

Der Prozess

Für die Anklage gegen die damals 46-jährige griff man also auf ein Gesetz gegen vorgetäuschte Hexerei aus dem Jahr 1735, den sogenannten Witchcraft Act, zurück. Dabei stellte das Gesetz nicht »Hexerei« selbst unter Strafe, sondern das Ausnutzen des Glaubens von Menschen an das Übersinnliche zu betrügerischen Zwecken. Der Witchcraft Act hatte zum Ziel, die willkürliche Verfolgung und Hinrichtung von Hexen zu beenden. Das maximale Strafmaß bei einer Verurteilung betrug ein Jahr Gefängnis.

Die Verhandlung fand in Old Bailey, dem zentralen Strafgerichtshof in London statt und erregte landesweit Aufsehen, obwohl letztendlich klar war, dass es sich hier um einen Schauprozess handelte. In ihrem Fall unterstellte man keine magischen Kräfte, mit der sie Menschen, Tiere oder etwa die Ernte mit Schadzaubern hätte belegen können. Der Prozess gegen Helen Duncan hatte mit der klassischen Hexenverfolgung gar nichts zu tun. Ziel war es nicht, sie als Hexe zu überführen, sondern sie schnellstmöglich von der Bildfläche verschwinden zu lassen.

Über 40 Zeugen sagten zu Gunsten Duncan's aus. Ihr Verteidiger wollte im Gerichtssaal eine Séance abhalten, um zu beweisen, dass Duncan keine Betrügerin sei. Das Gericht lehnte dies jedoch ab. Sieben Verhandlungstage reichten und am 3. April 1944 wurde sie nach dem britischen Hexengesetz schuldig gesprochen. Das Strafmaß wurde mit neun Monaten Gefängnis festgelegt. Ihre Strafe verbüßte sie im berüchtigten Londoner Frauengefängnis Holloway. Am 22. September 1944, vier Monate nach dem D-Day, wurde Duncan begnadigt und aus der Haft entlassen.

Der Spuk hat ein Ende

Unbestätigten Quellen zufolge soll auch der damalige britische Premierminister Winston Churchill die Dienste von Helen Duncan in Anspruch genommen und sie später im Gefängnis besucht haben. Doch für beides gibt es keine Belege, es würde aber gut in unsere Geschichte passen. Belegt hingegen ist, dass Churchill die Anklage und Verurteilung von Helen Duncan in einem Memo an seinen Innenminister Herbert Stanley Morrison als »veralteten Blödsinn« bezeichnet hatte. Auch war es Churchill, auf dessen Initiative hin im Jahr 1951 der Witchcraft Act abgeschafft wurde. Auf die Verurteilung von Helen Duncan hatte das keine Auswirkungen. Das 1944 gefällte Urteil blieb weiter rechtskräftig – bis heute.

Die Petition

Die Auswirkungen auf die Familie und Angehörige, die Hänseleien der Kinder und Mitschüler müssen für ihre sechs Kinder sehr unangenehm gewesen sein. Zeit ihres Lebens hielten die Enttäuschung über die Verurteilung, aber auch die Beeinträchtigungen an. Gebrandmarkt durch die Verurteilung nach dem britischen Witchcraft Act starb sie verbittert am 6. Dezember 1956. Ihre Enkelin, Mary Martin, kämpft seitdem darum, ihre Großmutter posthum zu rehabilitieren. Hierzu wurden 2001, 2008 und 2012 Petitionen im schottischen Parlament eingereicht, die allesamt abgelehnt wurden.

Einerseits war Duncan das Opfer ihrer Zeit. Sie geriet mitten im Krieg in die Mühlen der Sicherheitsdienste. Andererseits hatte sie bewusst von der Hoffnungslosigkeit derer profitiert, die einen geliebten Menschen verloren hatten, und ihnen etwas vorgegaukelt. Sie mithilfe eines altertümlichen Gesetzes, das auch noch den Titel Wichcraft Act trug, zu verurteilen war sicher ein Fehler und öffnete Missverständissen Tür und Tor. Eine Verurteilung nach irgendeinem Betrugsparagraphen wäre sicher auch möglich gewesen – aber vielleicht war das in der Eile zu kompliziert.

Von Callander zurück nach Edinburgh – Der Kreis schließt sich

Nach einer aufregenden Reise durch Schottland passieren wir auf unserer letzten Etappe von Callander nach Edinburgh noch einige interessante Orte, in denen große schottische Geschichte geschrieben wurde und die als Filmkulissen dienten.

Wir verlassen Callander und folgen dem River Teith auf der Landstraße A 84 in Richtung Stirling. Der Fluss erscheint uns immer mal wieder zu unserer Rechten bis wir zunächst die Ortschaften Deanston und dann Doune erreichen. In Deanston befindet sich seit 1965 die Deanston Whisky-Destillerie auf dem Gelände einer ehemaligen Baumwollmühle des 18. Jahrhunderts. Die Destillerie war einer der drei Drehorte des Films »Angels' Share – Ein Schluck für die Engel« aus dem Jahr 2012.

Unweit von Deanston erreichen wir Doune mit seiner gut erhaltenen Burganlage. Auch Doune Castle aus dem 14. Jahrhundert wurde schon mehrfach als Filmkulisse genutzt. Die britische Komikertruppe Monty Python drehte hier 1975 mehrere Szenen ihres Films »Die Ritter der Kokosnuss«, in dem König Artus nach dem heiligen Gral sucht. Da die Burg im Film als Schauplatz gleich für mehrere Burgen herhalten musste, wie Camelot, Schloss Dosenschreck und Sumpfschloss, wurde Doune Castle jeweils von einer anderen Seite gefilmt. Auch Outlander-Fans könnte Doune Castle bekannt vorkommen. Die Burg wird kurzerhand zu Castle Leoch und so zum Sitz des Clans MacKenzie. Der Burghof von Doune Castle wurde für die Dreharbeiten aufwendig hergerichtet. Und, last but not least, in »Game of Thrones« wird die Burg zu Winterfell im Norden von Westeros, dem Stammsitz des Hauses Stark.

Von Doune führt uns unser Weg nach Stirling am River Forth. Stirling wird beherrscht von seinem mächtigen Burgfelsen, auf dem das strategisch wichtige Castle thront. Wer Stirling beherrschte, der kontrollierte die Highlands. Lange Zeit galt Stirling als das »Tor zu den Highlands«. Wichtige Verkehrswege in alle Himmelsrichtungen und der Fluss Forth, der von hier bis zum Firth of Forth schiffbar ist, ließen sichvon hier aus kontrollieren. Stirling Castle war in der Vergangenheit daher vielfach heftig umkämpft und belagert. Mehrfach wechselte es zwischen England und Schottland den Besitzer. Wie auch der Castle Hill von Edinburgh ist der von drei Seiten steil aufragende Hügel vulkanischen Ursprungs. Nur von Süden her, aus der Altstadt von Stirling kommend, kann man sich dem Castle nähern.

Nicht weit vom Castle liegt die alte Stirling Bridge aus dem 16. Jahrhundert. Im Jahr 1297 siegten hier schottische Truppen unter William Wallace und Andrew de Moray bei der Schlacht von Stirling Bridge gegen ein zahlenmäßig überlegenes englisches Heer, in dem sie die englischen Soldaten in eine Falle lockten. Zum richtigen Zeitpunkt brachten die Schotten die Holzbrücke über den sich hier schlängelnden Fluss Forth zum Einsturz und teilten so das englische Heer. Der abgeschnittene Teil hatte keine Rückzugsmöglichkeit und wurde vernichtet. Nach gewonnener Schlacht wurde Wallace von Robert the Bruce zum Ritter geschlagen und erhielt den Titel »Guardian of Scotland« (Wächter von Schottland). Zu Ehren des schottischen Freiheitskämpfers William Wallace wurde in Sichtweite vom Stirling Castle 1861 das Wallace-Monument, ein fast 70 Meter hoher Turm, errichtet.

Ein weiterer bedeutender Sieg war die Schlacht bei Bannockburn in der Nähe Stirlings. Unter der Führung von Robert the Bruce besiegte hier das schottische Heer am 23. und 24. Juni 1314 das englische Heer von König Edward II. Die Schlacht von Bannockburn war die letzte entscheidende Schlacht um die Unabhängigkeit Schottlands.

Von Bannockburn fahren wir erst ein kurzes Stück über die Autobahn M 9 und dann über die M 876, um mit der Kincardine Bridge den Firth of Forth in nördlicher Richtung zu überqueren. Wir folgen am Nordufer dem Firth of Forth in Richtung seiner Mündung.

Die Outlander Fans unter uns sollten in Culross einen Halt einlegen. Mehrere Szenen der Serie wurden in der historischen Stadt mit ihren engen Gassen gedreht.

Von Culross ist es nicht mehr weit bis wir bei Dunfermline wieder auf die drei Brücken treffen, unter denen die rote Forth Bridge mit ihrer markanten Stahlkonstruktion hervorsticht. Über die neue Autobrücke und dann über South Queensferry erreichen wir wieder Edinburgh – und der Kreis unserer Rundreise schließt sich.

Wee Story 29: Zurück in Edinburgh – Unsere Reise endet...

Nun sind wir wieder zurück in Edinburgh, dem Ausgangspunkt unserer Rundreise durch Schottland. Doch bevor wir uns wieder in das Flugzeug, die Bahn, das Auto setzen oder uns auf die Fähre begeben und nach Hause fahren, lassen Sie uns rekapitulieren, was uns während unserer Reise so alles begegnet ist.

In Edinburgh angekommen, trafen wir – für Schottland eigentlich untypisch – in den ersten beiden Geschichten auf hohe kriminelle Energie unterschiedlicher Motivation. Mit dem »Rückklau« des schottischen Krönungssteins »Stone of Destiny« drangen wir gleich tief in die blutige Geschichte der Auseinandersetzungen zwischen England und Schottland ein. Mit der Geschichte um die nächtlichen diebischen Aktivitäten des Deacon Brodie lösten wir einen Kriminalfall, der Spuren in der Weltliteratur hinterließ. Im Mary King's Close begegnete uns die einsame kleine Annie, die hier seit der letzten Pest umhergeistert, weil sie ihr Spielzeug verloren hat. Dank eines aufmerksamen japanischen Mediums hat sie nun wieder eine Puppe zum Spielen. Burke und Hare entwickelten zu Zeiten, als die Forschung am menschlichen Körper Hochkonjunktur hatte und Anatomieleichen rar waren, eine perfide und skrupellose Geschäftsidee. Sie töteten Menschen und verkauften die Leichen an Dr. Knox, der keine Fragen stellte. Nach so viel Makabrem verließen wir Edinburgh in Richtung Glasgow. Bei Falkirk trafen wir an der Autobahn auf zwei von weitem harmlos aussehende Kelpies, die, wie wir jetzt wissen, nichts Gutes im Schilde führen, wenn wir ihr vermeintlich freundliches Angebot annehmen, uns wohlbehütet auf ihrem Rücken über einen Fluss zu tragen.

In Glasgow, der größten Stadt Schottlands, trafen wir mit der Reiterstatue des Lord Wellington und seinem rotweiß gestreiften Verkehrshütchen auf eine besondere Form schottischer Haute Couture. Auf der Insel Arran lüfteten wir das Geheimnis eines im Zweiten Weltkrieg gesunkenen und lange verschollenen britischen U-Boots.

Bei unserer Reise auf die Whisky-Insel Islay erfuhren wir, dass der Whisky von Laphroaig während der Prohibition in den USA – als Medizin auf Rezept »verschrieben« – erhältlich war. Die Frage der angemessenen täglichen Dosierung dieses Medizin-Whiskys konnten wir hierbei allerdings nicht abschließend bestimmen. Der Whisky von Ardbeg mit dem Namen Corrywreckan hat uns gezeigt, dass das Naturschauspiel, der Strudel von Corrywreckan, George Orwell, den Autor von »1984«, das Leben gekostet hätte und wir sein wichtigstes Werk um ein Haar niemals zu Gesicht bekommen hätten.

In Bowmore stießen wir in der runden Kirche auf den Teufel, der sich nur mit großer Mühe vor den resoluten Bürgerinnen und Bürgern in ein Whiskyfass retten konnte und so unerkannt das schottische Festland erreichte.

Dass Whisky das Zeug zur Massenvernichtungswaffe hat, darüber staunten wir in Bruichladdich. – Und noch mehr amüsierten wir uns über das »Yellow Submarine«, das gelbe Minensuchgerät, das ein Fischer vor der Küste von Islay im Meer treibend gefunden hatte und das die britische Marine gar nicht vermisste. Spätestens mit der Sonderabfüllung wurde die Geschichte um das Mini-U-Boot unsterblich.

Auch die Geschichte von der Havarie eines Whiskey-Frachters bei Eriskay, dessen Ladung eine kleine Insel im Zweiten Weltkrieg zeitweise in einen kollektiven Rausch versetzte und Kinder mit frisch gedrucktem Bargeld am Strand spielen ließ, wird auf den Äußeren Hebriden heute noch gerne erzählt.

Die nach vielen Jahren wiedergefundene Schachfigur der berühmten Lewis Chessmen hat uns gezeigt, dass sich mitunter wahre Schätze in den Schubladen verbergen können. Dagegen mahnt der Untergang der Iolaire an den Klippen von »Beast of Holm«, unweit des Hafens von Stornoway, dass die unbändige Kraft des Meeres niemals leichtfertig unterschätzt werden darf. Diese Katastrophe ist auf der Insel Harris and Lewis aufgrund ihrer Tragik und ihrer dramatischen Auswirkungen, auch über 100 Jahre später noch präsent.

Lediglich aus der Ferne haben wir auf der Fähre von Stornoway nach Ullapool die kleine zum Kauf angebotene Insel Gruinard betrachtet. Die aus dem Ruder gelaufenen Milzbrandversuche während des Zweiten Weltkriegs machten die Insel für Jahrzehnte bis zu ihrer Dekontamination unbewohnbar. Wen das nicht stört: Eine spektakulärere Adresse als die ehemalige Milzbrandinsel gibt es wohl kaum.

Bei unserer weiteren Fahrt an der Ostküste in den Norden Schottlands trafen wir zwei weitere Male auf den Teufel. Am Ardvreck Castle am Loch Assynt stürzte sich Eimhir, die Tochter des Clan-Chefs, vom höchsten Turm in den Tod, nur um nicht den Teufel heiraten zu müssen. Die Entscheidung, welches Ende die Geschichte haben soll –, das mit dem Geist in der Ruine oder das mit der Meerjungfrau, deren Tränen von Zeit zu Zeit dem Loch Assynt Hochwasser bescheren, überlasse ich gerne Ihnen.

In der Smoo Cave begegneten wir dann erneut dem Teufel. Auch hier zog er gegen einen resolut auftretenden Schotten den Kürzeren und verabschiedete sich durch die Decke, wie das heute für alle sichtbare Loch zeigt, durch das sich ein Wasserfall in die Höhle ergießt. Was aus dem verschwundenen Steuereintreiber geworden ist, der hier noch herumgeistern soll, konnten wir leider nicht abschließend klären. Vielleicht erfahren wir Neuigkeiten, bei unserem nächsten Besuch in der Smoo Cave.

Auf den Orkney-Inseln sind wir dann den Wikingern begegnet – zumindest ihren Graffitisprüchen, die sie hier im Hügelgrab in Maeshowe hinterließen, als sie während eines Sturmes Schutz suchten. Ihre lockeren bis anstößigen Runenritzungen sind für uns heute ein wichtiger Schatz bei der Erforschung ihrer Lebensweise.

Auf den Shetlands fuhren wir mit dem Shetland Bus nach Norwegen, und wir standen an der wohl berühmtesten Bushaltestelle und warteten zwar nicht auf den Bus, amüsierten uns aber sehr über die Geschichte des kleinen Bobby, der hier mit seinem Leserartikel zu einer Berühmtheit wurde.

In Zeiten des Brexits durfte eine Geschichte zur Unabhängigkeit natürlich nicht fehlen. Die kleine Gemeinde Embo hat hier im Jahr 1988 mit ihrer eintägigen Unabhängigkeit das vorgemacht, was sich viele Schotten dauerhaft sehnsüchtig wünschen.

Weiter südlich von Inverness sind wir am Loch Ness mit Nessie auf das berühmteste, leider aber auch das scheueste Monster Schottlands gestoßen. Westlich von Inverness trafen wir auf dem Schlachtfeld von Culloden auf Bonnie Prince Charlie, der 1746 mit dem Jakobitenaufstand versuchte, die schottische Krone wieder für die Stuarts zu erobern, – was, wie wir jetzt ja wissen – gründlich gescheitet ist. Unsere Geschichte führte uns weg vom Schlachtfeld und wir zogen mit Bonnie Prince Charlie auf seiner Flucht durch die Highlands und Islands, immer verfolgt von britischen Truppen, und stießen auf Flora MacDonald, die zu seiner Fluchthelferin und so zur schottischen Heldin wurde.

Auf der Isle of Skye nahmen wir gefühlt am Glamaig Hill Race teil, einem der härtesten Hügelrennen Schottlands, bevor wir Skye in Richtung des Tals von Glen Coe verließen. Im Glen Coe trafen wir auf den Clan der MacDonalds, an dem ein Exempel statuiert wurde, das die englische Krone vergeblich als Clanfehde mit den Campbells ausgeben wollte.

Am wunderschönen Loch Lomond wurde uns die vielfach besungene Zeile »You'll take the high road and I'll take the low road« und die dahinterstehende grausame Geschichte zweier Brüder bewusst, die dazu gezwungen worden waren, zu entscheiden, wer von beiden freigelassen und wer am darauffolgenden Morgen hingerichtet würde.

In Callander, dem Schauplatz unserer letzten Geschichte, stießen wir auf die letzte Frau Schottlands, die nach einem altertümlichen Gesetz gegen Hexerei verurteit wurde. Mit dem *Witchcraft Act* aus dem Jahr 1735 wurde das Medium Helen Duncan 1944 vorsorglich als vermeintliches Sicherheitsrisiko und mögliche Spionin vor der Invasion der Alliierten in der Normandie aus dem Verkehr gezogen.

So unterschiedlich, wie die Geschichten dieses Buches, so vielfältig habe ich Schottland bei meinen zahlreichen Reisen erleben und lieben dürfen. Mit großen Erwartungen bin ich dorthin gereist und immer wieder durfte ich aufs Neue feststellen, dass dieses schöne Schottland mehr zu bieten hatte, als ich es vor der jeweiligen Reise erwartet hatte. Es waren nicht nur traumhaft schöne Impressionen, die ich mit nach Hause brachte. sondern jedes Mal neue Eindrücke von den Regionen, Städten, Castles, Stränden, Statuen, Fabelwesen und anderen Sehenswürdigkeiten, die es zu besuchen lohnt und die ihre jeweils eigene Geschichte zu erzählen haben. »Nach Schottland« ist für mich »vor Schottland« geworden.... vielleicht jetzt ja auch für Sie? – Wenn ja, dann wünsche ich Ihnen schon jetzt eine gute Reise. Ich bin sicher, dass auch Sie mit vielen schönen Geschichten und Emotionen im Gepäck zurückkehren werden.

***

Ganz herzlichen Dank!

Last but not least möchte ich es an dieser Stelle nicht versäumen, einigen Menschen ganz herzlich Danke zu sagen, die mir, mal bewusst, mal ohne es zu merken, sehr geholfen haben, dieses Buch zu schreiben.

Mit meinen amerikanischen Freunden, Jane und Daniel, habe ich mehrfach Schottland bereist. Gemeinsam haben wir uns über so manche Geschichten in diesem Buch vor Ort erfreuen können.

Diana und Thomas habe ich auf einer eher zufälligen Reise zur Whiskyinsel Islay kennen gelernt. Diana hat uns abends in unserem gemeinsamen Cottage in Bowmore einige meiner bereits geschriebenen Geschichten vorgelesen. An diese besonderen Momente, als wir drei um den schweren Holztisch im Wohnzimmer saßen, denke ich auch heute noch gerne zurück.

Olaf, Dir sage ich danke, dass Du mich auch in diesem Schreibprojekt, es ist ja nicht das erste Mal, wieder mit hilfreichen Anmerkungen unterstützt hast.

Rolf, Dir möchte ich als ausgewiesenem Kenner Schottlands und seiner Geschichte(n) herzlich für Deine wichtigen inhaltlichen Anregungen danken.

Susi, danke fürs Lesen der einzelnen Geschichten und die guten Gespräche dazu, die mir beim Schreiben eine enorme Unterstützung waren.

Natascha, Du hast mir mit Deinem lebhaften Wesen und Deinen vielschichtigen Rückmeldungen neue Blickwinkel auf die Geschichten eröffnet. Das war mir eine unschätzbare Hilfe.

Danke sagen möchte ich unbedingt meinem Papa, mit dem ich, gemeinsam mit meinem Bruder, vor über 25 Jahren das erste Mal nach Schottland gereist bin und er hat damit, ohne es damals erahnen zu können, den Grundstein für meine bis heute anhaltende Leidenschaft für dieses Land gelegt und somit auch für dieses Buch.

ower am Flughafen von Edinburgh

Fleshmarket Close in Edinburg 1847

e Esplanade vor dem Castle von Edinburgh

Schilder an der Deacon Brodie´s Taverne in Edinburgh zeigen seine beiden Gesichter

Die Forth Bridge über den Firth of Forth bei Edinburgh, erbaut im 19. Jahrhundert

Kelpies bei Falkirk an der Autobahn M 9 gelegen

Duke of Wellington mit Verkehrshütchen auf seinem Pferd Copenhagen in Glasgow

Rückseite der Bank an der Fähre in Lochanza mit Gedenkstein

Laphroaig-Destillerie mit großem Schriftzug

Die runde Kirche von Bowmor

Das »Yellow Submarine« von Bruichladdich auf dem Destilleriegeländ

lzfigur eines Königs der Lewis Chessmen bei Uig

Blick in die Bucht von Luskentyre Beach

Standing Stones of Callanish

Gearrannan Blackhouse Village bei Carloway auf der Insel Lewis

Ruine von Ardvreck Castle und die Reste von Calda House (rechts im Hintergrund)

r Wasserfall in der Smoo Cave

Die Felsen »Beasts of Holm« in der Bucht von Stornoway

Der Eingang des Hügelgrabs Maes Howe

Außen- und Innenansicht (unten) der Italien Chapel auf Lamb Holm

sicht eines Hauses der steinzeitlichen Siedlung Skara Brae

neugieriger Puffin (Papageitaucher)

Blick auf Loch Ness am Dores Beach

Stützpunkt des Nessie-Hunters am Loch Ness

as Culloden Monument auf dem Schlachtfeld im Culloden Moor

ick auf The Quiraing mit seinen steilen Felsen

Denkmal für den Shetland Bus in Scalloway

nenansicht von Bobby's Bus Shelter auf Unst

Der Glamaig Hill nicht weit vom Sligachan Hotel aus betrachtet

Blick auf Lochan na h-Achlaise, einen der vielen Seen im Rannoch Moor

ne Castle

ing Castle